情系国计民生
政协提案的故事 丛书

④

全国政协提案委员会 编

主　　编：杨正泉
执行主编：张世林　刘晓冰

新世界出版社
NEW WORLD PRESS

图书在版编目（CIP）数据

情系国计民生：政协提案的故事丛书．第4辑/全国政协提案委员会编．—北京：新世界出版社，2011.1
ISBN 978-7-5104-1619-4

Ⅰ．情… Ⅱ．全… Ⅲ．中国人民政治协商会议－提案－通俗读物 Ⅳ．D627-49

中国版本图书馆CIP数据核字（2011）第006881号

情系国计民生——政协提案的故事丛书（四）

作　　者：全国政协提案委员会编
主　　编：杨正泉
执行主编：张世林　刘晓冰
策　　划：杨凤文　张世林
责任编辑：张世林　陈晓云
责任印制：李一鸣　黄厚清
出版发行：新世界出版社
社　　址：北京市西城区百万庄大街24号（100037）
总编室电话：（010）68995424　（010）68326679（传真）
发行部电话：（010）68995968　（010）68998733（传真）
本社中文网址：www.nwp.com.cn
本社英文网址：www．newworld-press.com
本社电子邮箱：nwpcn@public.bta.cn
版权部电子邮箱：rights@nwp.com.cn
版权部电话：+86（10）6899 6306
印　　刷：北京画中画印刷有限公司
经　　销：新华书店
开　　本：710×1000　1/16
字　　数：230千字
印　　张：20
印　　数：1～10000册
版　　次：2011年1月第1版　2011年1月第1次印刷
书　　号：ISBN 978-7-5104-1619-4
定　　价：40.00元

版权所有，侵权必究
凡购本社图书，如有缺页、倒页、脱页等印装错误，可随时退换。
客服电话：（010）6899 8638

《情系国计民生——政协提案的故事丛书》

编委会名单

主　　任：李铁林

副 主 任：蔡名照　王国卿　周明伟　杨正泉

编　　委：郭晓勇　黄友义　袁亚彬　杨雨前

　　　　　　张　怡　过桔新　周奎杰　刘晓冰

　　　　　　张海鸥　杨汝模　张世林

丛书主编：杨正泉

执行主编：张世林　刘晓冰

前　言

　　一年一度的"两会"举世瞩目。"两会"期间，政协委员的提案，更是备受关注。从1949年9月中国人民政治协商会议第一届全体会议上郭沫若、李济深、沈钧儒、黄炎培、马叙伦等44位委员联名提出的"急电联合国否认国民党反动政府及其驻联合国代表"的提案，到新中国初期关于"中央人民政府研究和实行护侨政策"、"厉行增产节约反对贪污浪费"、"民主党派号召和动员其成员积极参加土改"、"加强国防及经济力量争取抗美援朝胜利"、"节制生育或限制早婚"等提案，再到改革开放和社会主义现代化时期关于"三峡工程要进行充分论证"、"抓紧实施南水北调工程"、"取消农业税"、"发展循环经济"、"建设社会主义新农村"、"应对国际金融危机"、"从源头上治理腐败"、"修订所得税法"、"解决看病难看病贵问题"、"加强食品安全监管"、"加快保障性住房建设"等提案，无不凝结着广大政协委员的拳拳报国之心和赤诚爱民之情，闪耀着各民主党派、人民团体的智慧和光芒，记录着人民政协履行职能的卓越成效和发展历程，折射着我国民主政治建设的稳步推进和中国特色社会主义事业的勃勃生机。经过60年的风风雨雨，政协提案已成为人民政协履行职能最直接、最广泛、最有效的一种方式，成为坚持和完善中国共产党领导的多党合作和政治协商制度的重要载体，成为协助中国共产党和国家机关实现决策民主化、科学化的重要渠道。

　　政协提案不同于群众来信，也不同于文学创作。提案是政协委员和参加政协的各党派、人民团体以及政协各专门委员会,向政协全体会议或者常务委员会提出的,经提案委员会(每届政协第一次全体会议期间为提案审查委员会)审查立案后送交承办单位办理的书面意见和建议。政协提案是以组织的方式,从更高层面反映群众的意见和呼声,具有很强的政治性、规范性和协商性。提案从选题上围绕国家大政方针、中心工作和经济、政治、文化、社会生活中的重要问题以及人民群众普遍关心的问题;内容上实事求是、简明扼要,有情况、有分析、有具体建议;办理上件件有答复,案案有回音。承办全国政协提案的中共中央有关部门、中央国家机关有关部门、军队有关部门,各省、自治区、直辖市中共党委和人民政府,有关人民团体等,根据国家法律、法规、政策和有关规定办理政协提案,并对提案者作出书面答复。

人民政协成立60年来,广大政协委员、各民主党派、有关人民团体等,共提交提案85000余件,提案中的许多意见建议已体现在国家重要决策和部门工作中。这些提案是广大政协委员、各民主党派、人民团体及政协专委会在慎重选题、反复思考后,经过深入调查研究提出的,凝结了提案者的智慧、心血和汗水,反映了各民族、各界别、各阶层代表人士的真知灼见,承载着广大人民群众的愿望与呼声。提案提出和办理的过程,是提案者和承办部门密切联系群众、体察民情、了解民意、集中民智的过程,是广泛进行协商、充分发扬民主、保障人民权利的过程,也是我国民主政治建设不可缺少、不可替代的重要环节。同时也说明了,每件提案形成、办理的情况乃至其发挥的作用,远不是一张张提案纸和提案答复函所能容纳的,在每件提案的背后,还有许多鲜为人知的故事,反映着社会生活的方方面面和历史发展的轨迹,反映着提案者对履行使命的责任和热情、对国计民生的关注和思考、对推进问题解决的坚定和执著。

近年来,随着我国民主政治建设力度的不断加大和人民政协事业的蓬勃发展，政协提案日益受到社会各界的重视和关注。为便于社会各界更多地了解人民政协，了解政协提案，自2002年开始，全国政协提案委员会与外文局新世界出版社联合，每年选择部分有代表性的提案及其办理复文，编辑出版《把握人民的意愿——政协提案及办理复文选》，真实地记录政协提案的内容及其办理结果，受到了欢迎和好评。为使更多的群众更加全面、深入、生动地了解政协提案工作的台前幕后，今年年初，全国政协提案委员会决定，以纪念新中国和人民政协成立60周年为契机，与外文局新世界出版社联合编辑出版《情系国计民生——政协提案的故事（丛书）》，作为《把握人民的意愿——政协提案及办理复文选》的姊妹篇，二者相互联系、互为补充，又各具特色。

《情系国计民生——政协提案的故事（丛书）》是一套面向社会广大读者的故事丛书。编辑本丛书主要秉承以下三个原则：一是真实性。书中所有文章，都是真人真事，而且主要是由提案者撰写，介绍提案形成过程中自己的亲历、亲见、亲闻，抒发自己的真情实感。对于提案者已经过世或自己不能亲自执笔的特殊情况，可从实际出发，采用请知情人回顾撰写、由他人代写、派人采写等方法，以再现历史和提案形成的真实情况。二是历史性。本丛书基本涵盖了人民政协成立以来不同历史时期的提案情况。翻阅任何一本，都能从不同时期提案者的讲述中看出历史的烙印，感受时代的变迁，了解经济社会的发展脉络。三是故事性。我们希望作者解放思想，开阔思路，秉笔直书，多说并存，注重展现丰富的事实、曲折的过程和有趣的细节，力求通俗易懂、生动活泼，增强可读性，避免业务性、学术性的探讨。

提案工作随着人民政协的诞生而诞生，必将随着人民政协事业的发展而发展。在发展中国特色社会主义的伟大进程中，人民政协事业前景广阔，人民政协提案工作责任重大、使命光荣、大有可为，《情系国计民生——政协提案的故事（丛书）》也必定会越编越好。我们真诚地希望广大政协委员、各民主党派、人民团体以及提案工作者积极参与，踊跃投稿，为真实生动地展现历史，为社会各界更加了解人民政协及其提案工作尽一份职责，做一些贡献！

《丛书》编委会

目 录

前 言 ……………………………………………………（7）
唐代天坛的考古发掘与保护 …………………安家瑶（15）
我对老有所养的想法 …………………………董良翚（25）
为五百万农垦职工筑起社会基本
　　生活保障安全网 ……………………………王　萍（29）
惠及亿万农民、协调城乡发展的一个重要举措
　　——记民进中央大力推进生态家园富民工程 ………民进中央（43）
履行神圣使命和职责　为行业发展建言献策
　　——关于"促进西部支线航空发展"相关
　　　提案的故事 ………………………………陈　峰（55）
拳拳两届委员心 ………………………………宋余庆（67）
关于加大打击海外在逃贪官工作的思考 ……贾庆国（75）
用专业和责任书写提案 ………………………罗　霞（81）
为涉台文物保护鼓与呼 ………………………骆沙鸣（87）

一份引发中医药研究热的提案……………………… 司富春（95）

把快乐童趣还给孩子………………………………… 台盟中央（103）

情系中部地区崛起…………………………………… 范钦臣（109）

让运河文化重绽光彩………………………………… 刘　枫（117）

海洋问题是国家战略问题…………………………… 巫致中（129）

政协委员提案应关注廉政建设和民生问题………… 王渝生（137）

提案背后的故事……………………………………… 吴雁泽（145）

七家网站送锦旗感谢农工党中央呼吁消除

"乙肝歧视"………………………………………… 农工党中央（149）

加快县域经济发展　服务新农村建设……………… 民革中央（159）

并不遥远的海峡

——关于马六甲海峡提案的前前后后…………… 民盟中央（171）

促进海岛保护立法

——致公党中央促进海岛保护立法的提案

背后的故事……………………………………… 致公党中央（183）

"全民健身日"的诞生………………………………… 九三学社中央（191）

我有关教育的提案背后的故事……………………… 葛剑雄（195）

怎样做一个老百姓的代言人………………………… 林绍彬（203）

"藏油于民"的四次呼唤……………………………… 全国工商联（209）

要不辱使命…………………………………………… 洪敬南（219）

我与中小企业的不解之缘…………………………… 马蔚华（229）

又是一年茶山绿，德昂山寨换新颜………………… 梁晓丹（241）

我的三份提案是怎样提出的………………………… 秦　和（247）

为写剧本的人群写提案……………………………… 王兴东（255）

改变沿边教育落后面貌　推动边疆民族地区发展

——民建中央《关于解决边境少数民族地区教育

问题的提案》背后的故事……………………民建中央（265）
四海共补金瓯缺　天涯遍涌中华情
　　——"嘉奖海外侨胞"提案背后的故事 ……………陈　杰（271）
了解侨情，听取意见，建言献策，为侨服务
　　——记全国政协港澳台侨委员会代表团访问
　　马来西亚、日本、韩国之行………………………高　杰（281）
该为职教鼓与呼……………………………………郭传杰（287）
《富春山居》盼归来
　　——《关于〈富春山居图〉合璧故里展出的提案》
　　背后的故事…………………………………何水法（297）
"一盒药装几片"写成的提案………………………李大魁（305）
情系民生履好职……………………………………简少玉（309）

安家瑶

简 历

安家瑶，女，生于1947年8月。中国人民政治协商会议第九、十、十一届全国委员会委员，中国人民政治协商会议民族宗教委员会委员。历任中国社会科学院考古研究所研究员，中国社会科学院研究生院考古系博士生导师，西北大学兼职教授。是德意志考古研究院通讯院士，中国文物学会副会长，中国古迹遗址保护协会（ICOMOS/China）副理事长。曾任国际哲学与人文科学理事会（CIPSH）副主席。享受国务院颁发的政府特殊津贴。

唐代天坛的考古发掘与保护

安家瑶

人人都知道北京的天坛,那是明清两代皇帝冬至祭天的地方。1998年,北京天坛被列入联合国教科文组织的世界遗产名录。作为全人类的文化遗产,北京天坛的保护得到国家和人民的高度重视。然而,人们很少知道中国还保存着一处比北京天坛早一千年的天坛遗址,这就是西安隋唐长安城的圜丘遗址。这处遗址的考古发掘与保护与我的第一份政协提案有关。

1998年3月初,我荣幸地成为第九届全国政协委员,参加了九届一次会议。我是一名普通的研究员,没有参加过任何党派,进入全国政协之前没有任何参政议政的经历。政协委员是荣誉,更是责任和使命。如何能不辱使命,不辜负中国社会科学院党组的推荐,我必须尽快地进入政协委员的角色。人民政协的主要职能是政治协商、民主监督、参政议政。这三项职能中,参政议政是每一名政协委员应该认真履行的基本职责。人民政协的参政议政是对政治、经济、文化和社会生活中的重要问题以及人民群众普遍关心的问题开展调查研究,反映社情民意，进行协商讨论，通过调研报告、提案、建议案或其他形式，向党和国家机关提出意见和建议。我决定以自己熟悉的业务为切入点参政议政。我是一名考古工作者，多年在西安从事唐长安城的考古发掘和研究，了解我国基本建设与文物保护之间的矛盾。中华民族五千年历史连绵不断，凝聚着我们这个伟大的民族的，是优秀的文化传统和以爱国主义为核心的民族精神。中国的文化遗产是光辉灿烂的中国历史的重要见证，是博大精深的中华文明的载体。每一处文化遗产都是人民了解、认识祖国历史文化的最好课堂，也是激发民族自豪感、弘扬爱国主义精神的最好基地。保护好我国重要的文化遗产，文物考古工作者责无旁贷。

考古勘察和发掘是保护遗址的基础，我们考古队在上世纪90年代先后发掘了唐长安城西明寺遗址、陕西麟游县唐城宫37号殿址、西安唐大明宫主殿含元殿等遗址。1998年初，我在西安踏查、寻找面临破坏、急需考古发掘的项目。在考察唐长安城天坛遗址时，所见状况令人担忧。

唐代是我国政治统一、经济发展、文化繁荣、国际交往频繁的盛世。长安城作为唐代的都城，人口一度超过百万，是中世纪的世界名城。唐长安城遗址位于现陕西省西安市区及郊区。1957年以来，中国社会科学院考古研究所对这座城址进行了全面勘察和多次发掘。考古发现与历史文献相结合，基本探明了唐长安城的形制、布局及历史沿革。

"圜丘"又称"圆丘"，元代以后也称天坛，是皇帝进行祭天活动的礼仪建筑。唐代天坛遗址在1957年即被确定为省级文物保护单位，当时主要依据文献记载和考古勘察。《旧唐书·礼仪志》记载：

"武德初定令,每岁冬至祀昊天上帝于圆丘,以景帝配,其坛在京城明德门外道东二里。"明德门是唐长安城廓城南墙的正门,门内即直通皇城的朱雀大街。我队曾发掘过明德门遗址,五个门道保存完好。明德门位于现在新建的朱雀大街东侧,杨家村的西南。圜丘遗址在明德门遗址以东950米,约合唐代的二里,与文献记载相符。该遗址原属雁塔区吴家坟村,上世纪80年代初陕西师范大学征地扩建南院体育场,天坛遗址也在其征地范围内。当时,陕师大承诺按文物法保护好天坛遗址,西安市文物局也认为天坛在大学校园内会比在农民手中保护得好,况且陕师大历史地理系的教学和科研在国内是一流的。没有想到,1998年初我看到的天坛遗址正遭受着严重破坏。天坛遗址呈土丘状,高出现在地面约7、8米,底部呈圆形,直径约60米。陕西省文物保护单位的标志碑立在土丘南侧。土丘上杂草丛生,灌木丛内布满人畜粪便和垃圾,好像正在讽刺保护标志。土丘北约10米处,是陕师大近年违章建的自考中心宿舍和垃圾台。更令人不能容忍的是在自考中心宿舍和坛体之间,有人在此架棚居住,并在遗址上盘灶做饭,挖洞贮菜。唐天坛遗址当时尚未进行过考古发掘,许多历史之谜有待破解。若不尽快改变天坛的保护状况,用不了多少年,这一珍贵文化遗产将从地球上消失。

我将唐天坛遗址的状况及时报告给省市文物局,西安市文物局立即给陕师大发函,责令拆除违章建筑,改善保护条件。但是由于市文物局不是陕师大的直接领导,陕师大置之不理。在这种情况下,我决定提交一份关于加强唐天坛遗址保护的提案,通过全国政协提案委员会,促使陕师大采取行动,保护天坛遗址。这是我作为全国政协委员的第一份提案,提交时还有些战战兢兢,不知道是否能起到积极作用。

考古发掘前的唐天坛遗址

我的这份提案得到提案委员会的肯定,并在《人民政协报》1998年5月18日第二版以《唐天坛遗址在校园内惨遭破坏》为题,部分发表。政协委员提交提案只完成了职责的一部分,如何解决提案中的问题才是最重要的。我以为陕师大忽视唐天坛遗址保护,其主要原因是对这个土丘是否是唐代天坛存在着疑问。这种疑问不仅陕师大的领导和师生会有,社会上很多人也会有。要消除这个疑问,必须创造条件,争取对天坛遗址进行全面的考古发掘。通过发掘揭示遗址的保存状况,文物部门才能制定切实可行的保护措施。

提交提案后,我通过陕师大的全国政协委员郑庆云教授,找到陕师大校长赵世超博士和副校长吕九如教授，与他们商谈天坛遗址的保护问题。赵校长本人的专业是中国历史，当然知道唐代天坛的历史价值，他全力支持我们进行考古发掘。有陕师大的支持，我们考古发掘才有可能。我们在中国社会科学院考古所立项，得到刘庆柱所长的全力支持。我们又向国家文物局申请了考古发掘许可，并顺利得到了发掘执照。

1999年春，我们中国社会科学院考古研究所西安唐城队完成了唐长安城圜丘遗址的考古发掘工作。通过近两个月艰苦细致的工作，在倒塌的土层下，揭露出残存的台壁根部，解决了唐代圜丘的基本形制。唐代圜丘为四层不同直径圆台重叠的露天建筑。第一层（最下层）圆台面径约52.8米，第二层面径约40.5米，第三层面径约28.4米，第

考古发掘后唐天坛全景

四层（顶层）面径约20.2米。每层层高2米左右。各层圆台都设有十二陛（即上台的阶道），均匀地分布在圆台四周，呈十二辰分布。第一层圆台午陛（即南阶）比其余十一陛宽，也比其余十一陛长，是皇帝登坛的阶道。

圜丘为素土夯筑而成，除了修补部分用少量砖填垫外，没有发现砖石包砌的痕迹。圜丘的台壁和台面均用黄泥抹平，其上再抹一层羼合了谷壳和秸秆的白灰面，白灰面厚0.4~1.1厘米。因此，唐代圜丘的外观是白色的。

《旧唐书·礼仪志》对长安城圜丘有明确记载："坛制四成（成作层、重解），各高八尺一寸，下成广二十丈，再成广十五丈，三成广十

赵世超校长（左一）在遗址现场（右一为作者）

丈，四成广五丈。"《新唐书·礼乐志》不仅记载了具体尺寸，还提到了十二阶："依古四成，而成高八尺一寸，下成广二十丈，而五减之，至于五丈，而十有二阶者，圆丘也。"考古发掘揭露出来的遗址与文献记载大体吻合。

通过文献记载和考古遗迹的综合研究，我们可以确认这个土丘就是隋代初建，唐代继续使用的天坛遗址。隋代2位皇帝，唐代19位皇帝和女皇武则天都在这个坛上进行过祭天的活动。中国素称礼仪之邦。礼仪就是人们在社会活动中应按各自身份遵循的行为规范。历代统治阶级重视礼仪，强调礼在修身齐家治国平天下中的作用。中华民族在国家形成的过程中，礼制逐步形成。祭天是中国皇权政治中的必备仪式。通过祭天仪式，统治者树立权威，凝聚民心。唐长安城圜丘遗址的发掘，为唐代文献中祀天礼仪的记载提供了实物证据，也为研究我国礼仪制度的演变及其历史作用提供了第一手资料。通过对圜丘这一象征性建筑的研究，我们可以了解隋唐时期人们对天的认识及其当时的审美观、价值观。

1999年4月23日，我们在天坛遗址现场召开了考古发掘汇报会。国家文物局和省市文物局的领导及专家们都来到现场。赵世超校长亲临现场，他没有想到在校区新征的南园，藏着这么珍贵的文化遗产。体育学院的院长更是看得目瞪口呆。陕师大的史念海教授是中国历史地理学的创始人之一，曾任第五届和第六届全国政协委员，当时已87岁高龄，在我们考古队员的搀扶下登上8米高的顶层，高兴得合不上嘴。比北京天坛早一千年的隋唐天坛，得到学术界的一致肯定。

唐代天坛遗址的考古发掘，引起社会的广泛关注。新华社作了及

史念海教授（中）在遗址现场（右为作者）

时的报道，《光明日报》、英文版的《中国日报》等报刊都以显著版面刊登了消息。英国的《泰晤士报》、美国考古研究所的刊物《考古学》和北欧的《科学画报》都报道了消息并刊登了照片。

唐代天坛遗址的考古发掘为保护这一遗址提供了可靠的资料，文物部门马上设计实施了保护工程。保护工程将遗址安全地保护在覆土之下，但工程采用唐代的工艺，仿唐的材料，使遗址的外观与唐代相近。四层白色的坛体，12条登坛的陛阶，尽显高贵典雅。目前，丝绸之路跨国申请世界遗产的工作正在进行中，唐代天坛遗址已作为唐长安城不可分割的一部分，被列入候选名单。天坛遗址的周围正在发生较大的变化，结合城中村的改造，遗址东侧的吴家坟村将搬出遗址范围。看着眼前的变化，我想起我的第一份提案，衷心感谢全国政协在文化遗产保护方面做出的贡献。

董良翚

简 历

　　董良翚，女，出生于1941年1月，祖籍湖北红安。中国作家协会会员。中国人民政治协商会议第九、十、十一届全国委员会委员。

　　1968年7月毕业于北京大学中文系。历任中国外文出版发行事业局中国文学杂志社、中国文学出版社助理编辑、编辑、编辑部主任、副社长，中国文学艺术界联合会党组成员、副秘书长、书记处书记；兼任中国文联办公厅主任、机关党委书记、机关老干部局局长。

我对老有所养的想法

董良翚

人的记忆有时候挺怪的：坚信不会忘记的，却忘记了；深信过去的事情早已随着时间流逝了，没有想到只要有人提个头，那往事便又会活灵活现地在心里翻腾。这，是不是象征我到老年了呢？

记得，十五六年前我兼任中国文联老干部局局长时，我常对局里一些同志说，古人总结出人的一生四个字——生、老、病、死，概括了人生不可抗拒的自然规律；而老干部局就承担了三个字——老、病、死，由此也可以看出老干部局工作的任务和责任都非常重大。因此我特别关注文联的老人们面对的问题和媒体报道的有关老龄的问题。

文联有些老同志的生活和疾病逐渐成为他们本人和家庭越来越沉重的负担。他们活动的范围随着腿脚的不灵便越来越小，精神上的孤独感却越来越强。有的老同志生活完全不能自理，需要人护理，老伴年纪也大了，自顾不暇，无法照顾；子女上班远或在外地工作、生活，对老人尽孝是有心而无力。请护工以及由此而产生的费用是家属们不能不考虑的大问题。

文联有的老同志长期住医院、卧床，老伴也老了，只能一周去看望两三次；有的子女下班后只能疲惫地赶到医院探视、照顾一会儿；有一位老人几乎全部由护工护理。表面上看好像病人的照顾问题解决了，但新的问题又出现了，那就是老年病人远离了亲属，远离了熟悉的生活和熟悉的环境，远离了同事、朋友，导致精神上的失落和孤独。他所关心的事情护工不一定了解，而护工关心的问题老人又不一定熟悉；一个远去的年代在老人的胸中还鲜活地澎湃着，一个节奏紧张的现实生活虽然就在老人的身边，却离老人又那么遥远、那么陌生。老人想倾诉，苦于既没有人想听，也没有人能耐心地将现实中的问题与成就告诉老人，让老人也能分享今天人们工作的苦恼、成就与快乐。

和平给我们带来了社会生活的平静，带来了社会发展的高速度，带来了高科技，带来了高新医药，带来了人的长寿，也带来了人口老龄化比例逐年扩大的事实。如何应对这个现实的问题，我们的政府及整个社会还缺乏经验，未能制定出相应的政策和经济措施。媒体告诉我们，一个国家老年人口的比例超过总人口的十分之一，便可以说这个国家进入了老龄社会。据此，北京市已经进入老龄城市行列。

老干部面临的问题、困难，自然是我需要面对的工作。一个机关、一个部门的工作可以反映出社会问题，但是由于各个机关、部门职能的局限，根本无力解决这些应当由社会承担的问题，所以我在工作中常常陷于不知所措，只能在老同志的身后事上想方设法为他们的家庭争取一点补助。为此，我感到愧疚，又感到十分无奈。

一位老同志卧床多年，我去医院看望他时，枯瘦的他上气不接下气地说："良翚同志，别人说'好死不如赖活着'，我不是！我是赖活着不如快死啊！"

我被震撼了。这是一位经历过大风大浪的老同志！突然间我感到我的工作一直是多么苍白，多么肤浅，多么流于形式！我简直一点都不了解老人的内心，他对生的渴望与依恋是如何在病痛中消磨殆尽的？他对死的无畏是在对关爱生命的呼唤啊！这使我想到要有一种法子让老人在充满爱、充满亲情的氛围中生活，应该让他们在充满幸福感中没有遗憾地离开人世。我想必须有一种机构如敬老院或者养老院，来具体承担起这种社会的责任才行。

养老院、敬老院的设立，可为解决社会上的养老问题提供直接的帮助，又可节省人力、物力、财力，便于国家制定相关的优惠政策。同时，在养老院、敬老院里生活的老人，因为是同一时代的人，有大致相同的经历，就一定会找到共同的话题，便于相互之间的沟通和交流，以慰藉苦闷和寂寞，也解决了家庭沉重的经济和精神的压力。

中国有句老话：人无远虑必有近忧。我想，政府应有这种"远虑"了。正在此时，我成为了全国政协委员，深感有责任提出一个建议，让社会对老年人的关爱落实到养老院的建立上，希望有更切实的开放的政策，吸引发达国家的资金和借鉴他们高水平的养老经验；希望给一切老年人创造一个愉悦的养老环境。那才是真正老有所养。

我的提案《关于养老、托老的建议案》就这样提交给了全国政协九届二次会议。

现在，老年人的问题正在逐步解决之中。我真的很高兴！其实我也已经成为受益人了：免票逛公园、乘公交。我非常感谢各级政府对老年人的关怀。我想，关怀老年人的措施一定会逐渐多起来，涉及的面也会更加广泛；为老人提供更周到、更人性化的服务将一定是全社会的共识。我相信中国老年人的幸福指数将来一定会名列世界前茅。

王 萍

简 历

　　王萍，女，生于1948年12月，四川三台人。1965年后历任青海省湟中县工作队干部，青海毛纺织厂政工科干部，中国人民解放军某部文艺战士，青海省汽车运输公司工会干部，青海省总工会宣教部干部。1985年青海省师范大学政教系毕业后，历任青海省总工会宣教部干部、副部长、部长，青海省妇联副主席、党组成员，全国总工会文工团党委书记、基层工作部副局级调研员，中国农林工会全国委员会副主席、主席、分党组书记，中国农林水利工会全国委员会主席、分党组书记。中国人民政治协商会议第十届全国委员会委员。

为五百万农垦职工筑起社会基本生活保障安全网

王 萍

建立养老、医疗等基本生活保障制度,是党中央国务院惠民政策的具体体现,也是全国农垦职工翘首期盼的头等大事。由于历史的原因,农垦职工一直不能进入养老、医疗等社会基本保障体系,因此老无所养就成为困扰农垦职工最大的后顾之忧。进入21世纪,这个问题显得越来越突出,成为久拖不决的棘手问题。我们通过多种渠道向国务院反映,连续3年的政协提案就是反映上述问题的重要渠道之一。2003年,党的十六大闭幕后召开的第一次政治局常委会,主要议题就是研究困难群众的生产生活问题。农垦职工的社保问题成为会议的主要议题之一。这次会议所形成的文件(相当于会议纪要),专题阐述农垦问题,明确指出"要抓紧解决农林企业的社保问题"。此后不到两个月,拖了多年的农垦社保问题文件便出台了。

连续几年形成这份提案的过程也是反复调查研究的过程。首先我们从农垦职工基本养老保险现状入手开始调查,发现养老保险制度亟待完善。

一是养老保险社会化程度低。由于农垦生产条件特殊，经济比较落后，管理体制条块分割，从业人员结构比较复杂，多数垦区没有纳入地方养老保险社会统筹。据劳动和社会保障部当年提供的资料显示：截至2002年底，全国37个统计垦区共有在职职工403万人，离退休人员147万人。其中有17个垦区、103万在职职工、40万离退休人员参加了当地养老保险社会统筹，基本做到了离退休人员养老金按时足额发放。有6个垦区、166万在职职工、76万离退休人员实行了省内系统统筹，由于普遍生产经营困难，养老保险负担重，基金收支缺口大，加上地方调剂能力弱，补助金不能及时足额到位，离退休人员养老金拖欠现象时有发生。其他14个垦区、134万在职职工、31万离退休人员没有参加任何养老保险统筹，难以确保离退休人员养老金按时足额发放。上述资料表明，全国垦区职工不能正常进入社会基本养老统筹的农垦职工（包括离退休职工）总数高达400多万人。

二是缴费基数和缴费比例高。由于农业生产力水平和企业经济效益比较低，企业和个人缴纳的养老保险基金又要全部从职工的承包收入中扣除，按照社会统一的基数和标准缴纳养老基金，超过了大多数农垦职工的承受能力，一些农垦职工因不堪重负而退出社保，同时被迫解除了劳动关系。例如，云南省临沧垦区所属的5个农场，2001年职工平均收入只有1340元，而2002年每个职工却需要缴纳养老基金2018元，显然多数职工无力缴纳这笔钱，无奈之下与企业解除劳动关系。该垦区职工人数已由1999年的9933人减少到2001年的5544人。其中勐底农场由2025人减少到302人。这些被解除劳动关系的职工，既没有得到经济补偿，也没有接续社会保障关系，无疑埋下了不稳定因素。

三是养老保险补助金到位率低。由于养老保险的社会化程度低和补助金不到位，拖欠养老金问题仍然比较严重。财政隶属中央的黑龙江垦区，1999 年底累计拖欠养老金 19221 万元；2001 年底累计拖欠养老金 42167 万元。拖欠额增加的原因之一是中央财政拨款缺口太大。例如，2000 年中央财政支付补缺口资金 13844 万元，垦区仍有养老金缺口 9814 万元；2001 年中央财政支付补缺口资金 11156 万元，垦区仍有养老金缺口 13132 万元。财政隶属中央的海南垦区由于同样原因，养老保险基金缺口逐年加大，拖欠养老金情况也十分严重，仅 2000 年 1 月至 2002 年 8 月就拖欠了 20725 万元，拖欠时间最长的达 24 个月。个别农场甚至出现发放养老金打白条现象。另据财政隶属地方的 8 个垦区调查，1999 年拖欠养老金的企业 187 家，占企业总数的 42.6%，拖欠养老金 2.4 亿元，涉及离退休职工 88387 人，养老金兑现率为 87.5%；2001 年拖欠养老金的企业 277 家，占企业总数的 69.7%；拖欠养老金 3.69 亿元，涉及离退休职工 200261 人，养老金兑现率为 73.3%。

由于社保问题特别是老无所养的问题迟迟得不到解决，农垦社会不稳定因素增多。

据对 10 个垦区的调查，2001 年共发生 704 批次群体事件，参加职工 5693 人次；2002 年仅中国农林水利工会收到的群众来信、来电、来访就有 21 件次。部分企业由于没有解决养老统筹问题就进行改制，将农工变成农民，职工老无所养的问题异常突出。为此，湖南、新疆等地农垦职工上访频繁。湖南省大通湖农场、北洲子农场近 4000 名 1958 年以前参加工作的老职工（以下称老农垦），自 1991 年起为了取得国家职工身份和参加社会养老保险（以下称社保）上访不止、愈演愈烈，严重危及社会稳定。老农垦的上访诉求，表面是国家职工身份问题，实质是加入社保问题，是老有所养问题。长期以来，各级政府和农场尽管做了许多工作，但是由于在实质问题上没有拿出正面的解决办法，从而与上访者的关系日趋紧张。如1997年7月，益阳市劳动局经请示省劳动厅，对1958年以前参加工作的农牧工换发劳动部门统一印制的退休证，但不加盖劳动部门钢印，给老农垦开了一张无效支票，不仅没有起到安抚作用，反而成了上访的新话柄。又如2000年1月，中共湖南省委、省人民政府《关于国有大中型农场体制改革的意见》规定，"将原有农场干部、教师、医务人员和国有工商企业职工的养老保险、医疗保险和失业保险逐步纳入社会统筹"。对于农业职工，则要求"根据农场的特殊性，从实际出发，妥善研究处理办法，由各地上报意见"。这显然回避了农业职工加入社保的问题。益阳市、大通湖区和农场都片面地认为，"省委省政府明确农工不纳入社会统筹"，于是老农垦加入社保的问题被束之高阁。

搁置问题的做法导致上访升级。1999年10月，大通湖和北洲子农场的3000多名职工准备集体上访，农场派几百名干部劝阻，才得到制止。2000年元旦，上访者向省委、省政府、省公安厅递交申请，并标明上访路线，准备出动200多台车辆、3000多人进行上访。为此，益阳市和农场又派出干警130多人、干部500多人做稳定工作，省委、省政府派出督查组检查稳定的情况，省委主要领导亲自过问了此事。2000年5月中旬，有2000多人准备秘密集体上访，益阳市和农场派出420多名干部，经过一个多星期的努力，才基本控制住了事态。

考察广东省阳江农场秋种

追溯历史原因，还得从上世纪50年代说起。为了大规模开发建设洞庭湖地区，1950年至1958年经湖南省政府同意，由劳动部门下达计划，调配和招进了一大批农垦职工。其中1954年招工1600人，1958年招工6622人。1955年全国职工普查时，他们被承认为国家职工。1956年全国第一次工资改革时，他们都实行了八级工资制，其国家职工身份是毋庸置疑的。但是由于特殊的户粮关系使问题模糊化、复杂化了。上世纪50年代初，我国城乡人口的户粮关系没有明显区别，农垦职工为农业户口，吃自产粮。50年代中期，国家对城镇人口实行非农业户口和商品粮制度管理。由于农垦职工仍沿用原来的户粮关系，未进行城镇人口户粮关系登记，后来进场的职工也未进行此类登记，所以老农垦的国家职工身份没有得到一致确认，部分农垦职工未能全面享受国家职工的待遇，特别是退休待遇，老农垦的后顾之忧日益加剧，于是开始了长达十年的上访。

总之，近年来老农垦的上访活动急剧升级，规模越来越大，组织程度越来越高，已到了非重视不可的程度。

在调查中我们还发现农垦职工的低保政策多数被搁置。

一是多数职工没有进入低保制度。由于户口关系或职业特殊，当时绝大部分农垦职工特别是农业职工没有被纳入低保制度。据对21个垦区的调查，全部执行低保政策的只有5个，占23.8%。其他16个省区，有的只在城郊企业执行，农场基本没有执行；有的只发一点救济金，没有进入低保制度，谈不上应保尽保；有的全部被排除在低保制度之外。被纳入当地民政部门低保范围的企业在垦区企业总数中所占的比例很低。例如，海南为23.2%；江西为28.67%；安徽为50%……。

二是一些垦区没有做到应保尽保。由于地方财政困难，已经局部纳入低保制度的企业存在着应保尽保率低和救济水平低的"两低"问题。例如，黑龙江垦区应保53091人，实保18013人，应保尽保率为33.9%；海南垦区应保48331人，实保19000人，应保尽保率为39.3%；广东垦区应保61833人，实保16524人，应保尽保率为26.7%。低保标准普遍比较低，职工实际领取的低保金更少。以海南垦区为例，低保线最高的海口市为221元，最低的陵水县仅为52元，职工实际领到的低保金更少。今年，南海农场346名贫困人员共领取低保金40116元，人均只有19.32元，最低的才10元；西达农场最低的只领到5元。

三是下岗再就业政策基本无缘。劳动部门普遍认为农垦职工不存在下岗问题。目前，除城市垦区和少数财政隶属中央的垦区建立了下岗职工基本生活费制度以外，地方垦区几乎都被排除在该制度之外，多数农垦下岗职工从未领取过基本生活费。由于地方上不承认农垦职工存在下岗问题，农垦职工也就享受不了各种下岗再就业政策。

考察广东省阳江农场农田基本建设

由于农垦系统养老保险和"三条保障线"制度不健全，加之经济发展落后，使得困难职工群体问题越来越突出。

2002年，农垦系统困难职工占职工总数的5%左右，高于全国平均水平。部分垦区出现了贫困职工群体扩大化、年轻化和困难程度加重、脱困时间延长的趋势。例如，经济比较发达的黑龙江垦区仍有特困人口91469人，占总人口的5.8%；经济比较困难的云南临沧垦区1999年有特困职工（低于当地低保线130元/月人）1410人，占职工总数的14.2%；2000年有特困职工4986人，占职工总数的60.5%；

2001年有特困职工4817人,占职工总数的86.9%,有的单位是整体特困。

在调查上述情况的基础上,我们形成了政协提案,并提出了如下建议:

应当确认老农垦的国家职工身份

对于农垦职工的身份问题,中央和国务院的态度历来很明确。国发〔1978〕20号文件规定:"国营农场的职工,包括国家计划分配在农场工作的城镇知识青年,农场职工子女,都是国家职工,是工人阶级的组成部分。"中发〔1986〕18号文件进一步明确:"凡与农场签定了承包合同,实行定额上交、自负盈亏的职工,不再支付等级工资,不再发奖金,但仍然是国家职工,工资等级保留。"由此可见,老农垦的国家职工身份是不成问题的。但是在户粮关系、招工渠道、劳动管理、报酬形式等诸多方面,老农垦与其他行业职工确实有差别。我们认为,国营农场是国家建立的,老农垦是国家招工就业的,由于劳动性质不同和工作地域不同,才出现了以上差别。这些差别是由国情决定的,是计划经济造成的,与老农垦无关,国家职工的各种待遇,特别是老职工待遇不应因此受到影响。另外,由于劳动管理的衔接或工作程序、工作渠道等方面的原因,有关部门对农垦职工的身份看法不一、待遇不同。总之,在身份问题上无论如何不能将农垦职工与农民相提并论,他们应办理的退休手续和应有的各项待遇要尽快落实。

考察广东省农垦菠萝加工企业

尽快将农垦企业及其职工纳入养老保险社会统筹范围

党中央和国务院一直十分重视农垦的社会保障问题，劳动和社会保障部等有关部门经过反复调查研究，已经提出了框架意见，但是由于各方的意见不尽一致，文件迟迟没有出台。我们的意见和建议是：

一是关于补缴养老保险费问题。建议原未参加社会统筹的农垦企业及其职工，从参加之日起缴纳基本养老保险费，符合国家规定的连续工龄视同缴费年限，不再补缴养老保险费。如果坚持补缴养老保险费，则无异于继续乃至永远将他们排除在社保大门之外。

二是关于养老保险的缴费标准问题。建议经济条件好的农垦企业，可以对农业职工和非农业职工不加区分地执行当地统一缴费标准；经济条件差的农垦企业可以对农业职工和非农业职工的缴费基数加以区分,非农业职工执行当地统一的缴费标准,农业职工的缴费基数应允许在不低于当地最低工资标准的前提下,根据实际情况确定。

三是关于解决拖欠养老金问题。1999年在中央帮助各地解决拖欠离退休人员养老金问题时,由于种种原因,一些地区留下了较大的偿还缺口。请有关部门对这一问题再进行认真调查,摸清底数,对确有困难的单位,建议由各级财政承担一定份额,尽快加以解决。

深入广东省湛江渔业企业调研

四是为解除劳动关系和改制企业职工建立或接续社会保障关系问题。请劳动保障和农垦主管部门加紧协调,提出办法,尽快将这部分职工纳入社会保障范围。

尽快将农垦职工纳入最低生活保障范围

一是关于解决农垦职工户口"农转非"问题。党中央、国务院对于农垦职工的身份问题早有明确态度,已见前文国发〔1978〕20号文件和中发〔1986〕18号文件。最近公安部与农业部已经就一次性解决农垦职工户口"农转非"问题达成了原则性意见,希望有关方面抓紧协调,使文件尽快出台。

深入广东省农垦调查研究

二是关于农垦职工应当享有最低生活保障权益的问题。解决农垦职工户口"农转非"之后,应当按照有关规定,允许农垦职工特别是农业职工享有最低生活保障权益，并按照当地统一标准，做到应保尽保。由于农垦职工户口"农转非"具有落实政策和恢复身份的性质，与城镇化过程中的农民户口"农转非"有区别，不应收取城市增容费或其他高额手续费。

认真落实农垦职工下岗再就业政策

农垦系统有近50%的职工从事非农产业，他们长期固定生活、工作在城镇，农场土地又已经承包完毕，其下岗人员全部向农业转移既不现实，也不符合城镇化发展方向。建议按照中央再就业工作会议的精神，给予农垦非农产业下岗职工各项再就业政策，鼓励他们自主创业，同时加快城镇化的步伐。

提案得到了党中央和国务院的高度重视。

一是公安部对提案给予了明确答复。答复意见指出，要一次性解决全国800万农垦职工（包括职工家属）的农转非户口问题。为了将这一问题落到实处，我们和倪豪梅同志（联系产业工会的全总副主席）给温家宝总理写信，恳请他在百忙中督促有关部门切实落实。

二是我们再次形成了《进社保喜忧参半　门槛高进退两难》的调查报告，报告对黑龙江省农垦企业缴纳养老社保比例过高（39%）、企业不堪重负的问题，提出了解决办法的建议。调研报告很快得到温家宝总理的批示，要求黑龙江省政府予以落实。

三是我们专程到黑龙江省向当时的省委书记宋法堂同志汇报了落实建议。

四是我们向全总主要领导同志作了汇报,并以全总信息专报党中央和国务院。全总第一副主席张俊九同志列席了中央政治局常委会,对全国农垦职工的社保问题作了汇报。

反复调研、反复提案终于迎来了全国农垦职工加入养老保障体系的春天。

农垦职工整体纳入社会基本养老统筹体系的消息一经传开,全国农垦职工欢呼雀跃,奔走相告,感谢信纷至沓来,农垦职工要求我们向党中央国务院转达他们的感激之情。在2006年党中央和国务院举行的春节团拜会上,我见到温家宝总理,向他表达了全国农垦职工的心意,总理满怀深情地对我和周围的同志们说:"中国农林水利工会的材料我批示的最多!"并且连说了两次。是啊,群众利益无小事,人民利益高于一切,这就是我们这个时代和民众最大的福音。

中国民主促进会简介

中国民主促进会（简称民进）于1945年12月30日在上海成立。是以从事教育文化出版工作的高中级知识分子为主、具有政治联盟性质、致力于建设中国特色社会主义事业的政党。

坚持接受中国共产党的领导，坚持爱国、民主、团结、求实，坚持立会为公，是民进的优良传统。

民进坚持中国共产党领导的多党合作和政治协商制度，贯彻"长期共存、互相监督、肝胆相照、荣辱与共"的方针，积极参加国家政权，参与国家大政方针和国家领导人选的协商，参与国家事务的管理，参与国家方针、政策、法律、法规的制定执行。在国家政治生活中认真履行参政议政、民主监督的职责。

民进以中华人民共和国宪法为根本活动准则。在社会主义初级阶段，民进的政治纲领是：高举中国特色社会主义伟大旗帜，以邓小平理论和"三个代表"重要思想为指导，深入贯彻落实科学发展观，弘扬爱国主义精神，坚定不移地贯彻执行"以经济建设为中心、坚持四项基本原则、坚持改革开放"的基本路线，切实履行参政党职能，为全面建设小康社会、构建社会主义和谐社会、推进现代化建设、完成祖国统一、维护世界和平和促进共同发展、把我国建设成为富强民主文明和谐的社会主义现代化国家而奋斗。

民进中央历届主席为马叙伦、周建人、叶圣陶、雷洁琼、许嘉璐。现任主席为严隽琪。

惠及亿万农民、协调城乡发展的一个重要举措

——记民进中央大力推进生态家园富民工程

民进中央

"这是一个同时具有生态效益、经济效益、社会效益和政治效益的项目,也因此成为各地政府、干部、群众一致叫好的项目,应该把它升级为国家工程。"

从2002年到2003年9月,民进中央对以沼气建设为核心的"生态家园富民计划"进行了近两年时间的调研、考察。通过考察调研,民进中央认为,实施这样的"国家工程"蕴含着十分深刻的发展意义,不仅"四个效益"涵盖了生态保护、农民致富、社会稳定、密切党群干群关系这样的重大问题,而且从农村长远发展的大尺度衡量,它将搭建起农民因改变几千年来的生产、生活习惯而登上现代化快车的一个里程碑式的台阶。因此,于2003年和2004年连续两年在全国政协大会上提出《关于加快推广"生态家园富民计划"的建议》案和《关于大力推进生态家园富民工程的建议》的提案。2003年12月民进中央进而向中共中央、国务院呈送了《关于大力推进生态家园富民计划,促

进农村全面小康的建议》。

民进中央的提案和建议，受到党和国家的高度重视，并予以采纳落实。国家农业部连续两年对民进中央的提案做了高度评价，指出"民进中央对生态家园富民工程进行了深度调研，总结成效，指出问题，提出政策建议。这是对我们工作的有力支持。"

党中央、国务院高度重视生态家园富民工程建设，将农村沼气建设作为农村"六小工程"之一，不断加大支持力度，2003～2004年，每年投入10亿元国债资金，共安排建设200多万个生态家园户，取得直接经济效益10多亿元。同时产生的沼气相当于节约600万亩林木年蓄集量的薪柴，从源头上遏制了植被破坏，巩固了退耕还林还草等生态建设成果。

到2007年，该项工程经费已经增加到30亿元。

一个直观的判断："生态家园"会是一篇大文章

还在2002年由中央统战部统一组织各民主党派中央和全国工商联进行大型考察时，民进中央在就"长江下游地区的环境保护与修复"调研过程中，就在安徽省池州市注意到了"生态家园富民计划"的实施情况。农家院内的一口小小沼气池，将自家人畜粪便、秸秆发酵熟化，生成沼气能做饭、照明，沼渣、沼液又是肥料和杀虫药，农民不再砍柴了，化肥、农药使用也减少了，增收节支了，家里也变得清洁卫生了。眼见着如此多多好处，农民中涌动着一股争相要建池的渴求。

直观的感受让民进中央的主席们敏锐地作出一个判断，这个"计划"是篇大文章。将"生态家园富民计划"调研作为2003年大型考察题目的念头由此萌生。

他们追根溯源，找到了发起这一"计划"的国家农业部。

这确是一个思路卓越的计划。其概念的提出主要是针对农户生产和生活方式的外部性问题，即任何微观经济组织（企业或农户）的经济活动对其他微观经济组织都会产生非市场性的影响，而目前在环境管理方面，政府和社会大多关注企业的环境污染所造成的外部经济问题，似乎农户的规模很小对环境的影响不大。然而，当农户的数量达到成千上万甚至上亿时，农户的生产活动和生活方式对宏观生态环境将产生巨大的影响。

眼见的现实是，农户由于其传统的生产和生活方式，在生产上，为求脱贫致富，主要采取毁林开荒、开垦草原、广种薄收和超载过牧的粗放式生产经营方式，导致坡耕地大面积的水土流失和草地生态系统的严重破坏；在生活上，随着农村地区生活水平的提高，能源使用量不断增加，仍以林木、柴草和秸秆等生物质能源为主的农民，为做饭、取暖而填进炉灶里的柴草，对植被的消耗量惊人。贵州省农村每年烧柴450万立方米，占全省林木砍伐总量的50%以上，这种现象在中国其他省份也普遍存在。大量的生物质被作为燃料在低效率的炉灶中直接燃烧掉，土壤养分不能还田，有机质含量降低，土地贫瘠化严重。形成了"能源短缺——过量樵采——生态破坏——能源更加短缺"的恶性循环。因此，造成中国农村地区生态环境恶化的重要原因是农户不可持续的生产、生活方式。

"计划"提出釜底抽薪的解决办法：改变农户一级传统的生产和生活方式，从农民最基本的生产、生活单元内部挖掘潜力，形成有利于生态环境的良性循环，同时注重解决农民的温饱问题和增加收入，以期达到遏制植被破坏、保护生态环境的目的。

自2000年起，农业部提出并组织实施了该"计划"，首批在陕西、甘肃、宁夏、青海、四川、贵州、云南等西部七省启动了10个生态家园富民计划示范村，当年底又在全国安排了76个示范村。从2001年起，中央已连续三年投入资金14亿元，在全国开展以沼气为纽带的生态家园示范建设，项目涉及1000多个县、8600多个村，受益农户达170多万户。在示范项目的推动下，全国农村沼气建设呈现出加速发展态势，到2002年底全国户用沼气池总量达到1100万个。成熟的技术、先进的模式、巨大的成绩和速度，使农村沼气建设进入一个新的阶段，为规模化发展奠定了良好基础。

许嘉璐主席在秦皇岛市抚宁县考察生态家园富民计划时进村入户与农民亲切交谈

从农业部了解了情况，使民进中央最终敲定了考察选题。随后开展深入实地的考察和调研，为推动"计划"的大规模实施提出一个大建议。

来自实地考察的感受：这确是一条阳光大道

将目光紧紧盯在"生态家园富民计划"上的民进中央，先是在2003年3月的全国政协大会上以提案的形式发出了加快推广"生态家园富民计划"的初步呼吁，同时为大型考察而做的前期准备工作继续紧锣密鼓地进行着。

尽管一场突如其来的"非典"延迟了出京调研的时间，却也使前期准备更加充分。抗击"非典"的斗争刚刚取得阶段性重大胜利，

2003年许嘉璐主席考察重庆市涪陵区清溪镇生态家园示范村

7月初，由全国人大常委会副委员长、民进中央主席许嘉璐和全国政协副主席、民进中央常务副主席张怀西分别带队的两个考察团即去了重庆、安徽。

各自东西的两支人马，所观所感竟如此一致。

建池户家庭生活发生的变化令人震惊。厨房里，像城里人一样用上了燃气灶，电子打火，蓝色的火苗忽忽作响；卫生间，装上了冲水便池，比北方大城市的四合院还干净；居室内，悬挂着沼气灯，与电灯一样明亮却省去了电费；房里屋外，蚊蝇踪影难觅，对于医疗保障还十分脆弱的农村，其意义也不可小觑。

在四川，群众说"一建带三改，得三料（燃料、肥料、饲料），见三效（节省了打柴工和肥料，解放了妇女）"，实现了"四省三增二减少一净化"（即省煤、省劳力、省电、省钱，增肥、增效、增产，减少病虫害、减少水土流失，净化了生活环境）。

2003年7月许嘉璐主席考察重庆市长寿区新市镇生态家园示范村时鼓励农民发家致富

在安徽，一段流传在农户中的顺口溜，也成为"生态家园富民计划"受到广大农民热烈欢迎的真实写照："家有一口沼气池，做饭点灯不用愁；垃圾粪便全入池，清洁卫生真可靠；沼液肥田渣喂鱼，养猪种菜又种粮；别看小小沼气池，农民好处实在多；节支增收双千元，生态环保又富民。"

当9月份由许嘉璐主席、张怀西常务副主席带队并王立平、王佐书副主席驻会领导再次全体出动赴甘肃省考察时，同样的情景再次出现在人们眼前。在张掖市平川镇的卢湾村，穿村而过的道路两侧拥起的优质葡萄长廊先就让人眼睛为之一亮，庭院经济已连成了片。许嘉璐、张怀西等各位主席们深入农户，与他们亲切地称呼为"老刘家"、"老杨家"……的农民兄弟们攀谈。

许嘉璐主席在敦煌市泉湖乡星火葡萄基地考察

一位名叫张玉新的妇女讲述了切身的体会：过去做饭，一把面一把柴，刚和面哩，柴掉下来了，刚添上柴哩，火又不着了，弄得满屋都是烟。自从建起"幸福池"，再也不受烟熏火燎这份罪。她还细细算了这样一笔账，用沼气做饭可省2吨柴，点灯又省36度电，过去用化肥，蔬菜品质不佳、产量低、病虫害也厉害，100米的大棚收入9000元。现在不一样了，沼渣作追肥，沼液作叶面肥，品质、产量全面提高，病虫害也少了，去年大棚收入增到了15800多元。村领导真是给我们办了件大好事。有着"解放"感觉的妇女们成了推动建池的特殊力量，许多妇女对丈夫、老爹、公公使出了"杀手锏"，"你不修沼气池，我们就不给你做饭"。事实上，谁不知道建池的好处呢，男人们也省下了打柴工，农闲时可以放心到外面去打工。

当民进中央考察团以万公里计的行程走过重庆、安徽、甘肃的众多市、县、乡、村后，在农民朴实的话语里听到最有说服力的是：干部要当"沼气书记"、"沼气县长"，这就是"三个代表"。

许嘉璐主席在甘肃省定西大坪村农民家中与农民亲切交谈

的确,"生态家园富民计划"将农业、农村、农民带上的是一条阳光大道。在农户一级实现可持续生产、生活方式的背后,实际更孕育了一种发展生机,如果将如今许多地方已经出现的以沼气为纽带带动出的一户一品、一村一品的绿色高效种植业、养殖业,引导走向终端市场目标更明确并更高级别的集约化、产业化大生产的结果,将有可能使农民不离土离乡而就地实现城镇化。

"没有农民的小康就没有全国人民的小康,没有农村的现代化就没有国家的现代化",2004 年新年伊始召开的中央农村工作会议响亮地提出了这样的口号,"三农"问题被定位在"全党工作重中之重"的更加突出位置。作为与中国共产党通力合作的参政党,民进中央通过广泛深入的考察,提出一个建议性的观点:"生态家园富民计划"正是解决"三农"问题的一个有力切入点和抓手。

顺理成章的结论:应将"计划"提升为"国家工程"

巨大的意义,成功的示范,动人的前景,都激发着民进中央考察团为推进"计划"思考的热情,考察的过程也就成为了建议酝酿的过程。

一个最具分量的想法是,将"计划"由农业部行为提升为国家工程。成立全国性统筹领导系统,扩大示范规模和实施范围,在全国加快"生态家园富民工程"建设的步伐。

其次,提高认识,面对这篇可用"民心工程"、"德政工程"、"富民工程"、"幸福工程"、"发展工程"诸多称谓形容都不过分的大文章,这已是历史责任的召唤。

制定和完善政策措施以形成机制保障，也必不可少。目前在国家对该计划投入有限的实际情况下，应对经济条件较好的地区实施该计划给予政策上的支持，对贫困（生态脆弱）地区增加投入，给予扶持。又如，以政策措施保障技术的推广，从生态家园富民计划项目资金和科技部门技术培训经费中提取一定比例的管理资金，用于在基层建立沼气技术指导和维护，形成前期和后期服务保障体系。还有，政府有关部门要拓宽思路，认真研究吸引企业投资参与的可行性，积极推进产业化经营。在一些地区逐步形成国家、地方、农民及企业共同投入的多层次、多方位、多元化投入机制。

加大资金的投入十分必要。根据农业部的统计分析，全国2.4亿农户中适宜实施推广"生态家园富民计划"的为1.4亿，按部颁小康建设型标准每户建一池需1000元，共需资金1400亿，而到2005年农业部计划投资只能有102.6亿元，资金缺口巨大。建议整合中央各部委除农业部外，环保、林业、水利、卫生、扶贫办等部门都有的与农村农业有关的扶贫、环境保护、退耕还林、水土保持、改水改厕、农村再生能源专项、小型公益事业设施建设、小城镇建设等方面的资金，建立"农村生态家园富民工程"专项。同时提高中央财政的支持力度，进一步利用好国债资金，有考察团成员甚至大胆提出，争取在2004~2005年将国债资金投入扩大到每年100亿元。

为鼓励在部分农民中已出现的自筹资金建沼气池的热情，建议中央设立生态家园富民计划专项担保基金，在地方成立基金担保公司，负责对农户的贷款评估，以解决目前金融部门向"三农"倾斜难的问题，推动金融部门面向农民开展小额信贷。同时减免建沼气池要收取土地管理、复耕、建设配套等有关费用，别看这只是区区数百元，对于农村特别是西部还不富裕的农民来说，却是雪中热炭。

"生态家园富民计划"考察一如进入新世纪的民进中央一系列参政议政话题都贯穿着一个主题，那就是紧紧扣住我国本世纪头20年所处的重要发展战略机遇期，珍视机遇，献计发展，为重大国是建言，尽倾参政党的竭诚之力。

（民进中央参政议政部执笔）

陈 峰

简 历

陈峰，汉族，生于1953年6月，山西霍州人。高级经济师。1984年毕业于联邦德国汉莎航空运输管理学院，1995年获得荷兰马斯特里赫特管理学院工商管理硕士学位，2004年获得美国哈佛大学商学院高级管理毕业证书。曾在民航局、国家空中交通管理局工作多年，后担任海南省省长航空事务助理职务。现任海航集团董事局董事长。享受国务院颁发的政府特殊津贴。第二届海南省人民代表大会常务委员会委员，中国共产党第十六、十七次全国代表大会代表，中国人民政治协商会议第十、十一届全国委员会委员。

履行神圣使命和职责
为行业发展建言献策

——关于"促进西部支线航空发展"相关提案的故事

陈 峰

自 2003 年我有幸当选为第十届、第十一届全国政协委员以来,这近 8 年是我学习、提高、参与和发挥作用的 8 年。在参与国家政治生活的过程中,我切身体会到政协工作是崇高而负有社会责任感的工作——政协委员应该积极地参政议政,为国家的建设和发展建言献策:一方面心系社稷民生,积极履行作为政协委员的神圣使命和职责;另一方面将企业与国家的发展有效地结合在一起,进一步推动所在行业和企业的蓬勃健康发展。

8 年来,作为来自航空企业界的人士,根据自己熟悉的领域和知识,我与界别内的委员们一起,对国家经济与社会发展过程中需要改进的问题,积极建言。其中对涉及海南发展的问题,每年提交提案大约七八件;对航空业的发展,先后提交了涉及国家航空发展政策、西部航空政策、发展西部支线航空等问题的建议；对企业的发展，先后就国家为企业创造良好的发展环境、企业更好地为国家创造财富等方面，也多次提出个人建议。

长期以来，支线航空一直是我国航空业发展的薄弱环节，也是海航发展的重点和难点领域，因此相关系列的提案我连续提了7年，经历了无数的酸甜苦辣、成败得失。可喜的是，随着近年来提案中相关建议的逐步落实，支线航空事业迎来了新的发展机遇。

一、进军支线航空，促进民航强国建设及西部大开发

长期以来，干支不平衡一直是我国航空业发展的重大结构问题。中国的支线机场主要分布在地域广阔的西部地区，西部经济发展滞后，但旅游资源非常丰富，支线航空运输市场的发展直接影响着西部开发的进程，以及西部中小城市的发展与和谐社会的建设。海航作为全国第四大航空集团，积极响应国家西部大开发的号召，最早涉足并致力于支线航空的发展，立志为建设民航强国贡献力量。

（一）我国支线航空发展严重滞后

经过半个多世纪和几代民航人的努力，中国已经成为世界排名第二的航空运输大国。然而，中国还不是民航强国，其中一个重要原因就是支线航空的发展严重滞后。

据统计，截至2007年年底，国内机队总量1134架，其中120座级以下飞机仅占8%，而在世界其他成熟航空市场如美国、欧洲，其120座级以下支线飞机分别占机队总量的43%和36%。在1998年到2007

年的十年间，中国支线航空市场承运量占航空运输总客流量的比例始终徘徊在2%至4%之间，而在成熟的航空运输市场，这个数字通常保持在30%以上。

因此，中国民航要实现从世界民航大国向世界民航强国的跨越，必须把支线航空作为优先重点发展的领域。近年来，中国民航局已经把支持发展支线航空作为一个重要的政策取向，出台了若干政策。然而从实践和操作层面来看，支线航空发展仍然是一道待解的难题。

（二）西部大开发离不开支线航空

中央提出西部大开发战略的10年间，国家出台了一系列政策，让西部的人民得到了实惠。但是，东西部的经济差距依然很大。毋庸置疑，西部地区交通基础设施落后，是制约西部地区经济和社会发展的

中共中央政治局常委、国务院总理温家宝在听取全国政协十届五次会议经济组、农业组委员联组讨论汇报后和作者亲切握手
（2007－3－4）

"瓶颈"。加快交通基础设施建设、改善交通条件是改善西部投资环境不可或缺的一环，也是西部大开发的先决条件。在众多交通工具中，支线航空以其固有的优势，在西部大开发中具有不可替代的作用。

然而在西部支线航空有了几年快速发展的2009年，占国土面积14.4%的陕、甘、宁、青4省区的11个支线机场旅客吞吐总量为110.4万人次，仅占全国旅客吞吐总量的万分之零点二，其中多数支线机场年旅客吞吐量不足5万人次。这样的现状造成了机场资源的严重浪费，削弱了地区航线网络的通达性，非常不利于民航强国的建设，以及地区乃至整个国家的经济发展。

（三）海航以发展支线航空为己任

早在创业之初，在站稳东部干线市场的同时，海航就看到了支线航空的市场空白，把支线航空锁定为战略目标。1994年海航正式启动

2008年3月14日作者出席全国政协十一届一次会议

了"毛细血管"战略，经营海口到湛江、北海等周边城市的支线航线。1995~1998年海航又先后进驻长沙、温州、呼和浩特、武汉等支线市场，大力拓展支线航线。

1999年国家提出西部大开发的战略，随后民航局做出加快发展支线航空运输的导向性产业决策。为了响应国家号召，2001~2002年海航重组了长安航空和山西航空，进入西北和华北支线航空市场。2003年海航在新疆设立了基地，投放了数架支线客机，大力拓展区内支线市场，打破了新疆航空市场多年来的垄断局面。2004~2005年海航重组了潍坊、东营、连云港等支线机场，建立机场—航线联动新模式。2005年海航创立祥鹏航空进入云南市场。2006年5月海航与甘肃省政府合作，产权重组甘肃兰州机场旗下的兰州、敦煌、嘉峪关、庆阳4个机场。2007年海航在天津注册成立大新华快运航空，探索支线航空独立、专业化运作新模式，引进50座级、90座级支线飞机。同年海航创立西部航空，进入重庆市场。自此海航的西部支线网络已经遍布陕西、山西、甘肃、内蒙、新疆、云南、重庆等地，成为西部大开发的主力军。

二、面对长期市场困境，海航坚持不懈艰难前行

长期以来，西部支线航空市场一直处于发展困境，各大航空企业不愿涉足。面对这样的市场环境，海航看到的是区域战略发展的机遇，支线航空发展的社会需求，以及市场未来的发展潜力，以敢为人先的魄力积极进入西部支线航空市场，即使在承受多年巨额亏损的情况下，依然坚持不懈地在艰难中不断前行。

（一）西部支线航空市场困境重重

1. 西部机场经营长期亏损

西部机场的建设大多是从国防和边疆稳定等角度而不是从经济效益角度出发，历史包袱太重，航空运输业务量有限。加之气候环境特点，西部机场运营成本远高于东部地区，负担沉重，同时不具备自我生存和发展的能力，当地政府财政收入有限，不能寄希望于他们拿出巨额资金补贴机场。这导致西部机场无法筹措资金加强和更新机场基础设施建设，从而无法适应航空运输市场发展要求，进入严重亏损的恶性循环。

2. 西部支线航空供需两难

需求方面，西部支线主要是客流量偏低、收益率低的休闲旅游市场；同时大部分西部中小城市的经济还不发达，消费能力不强，导致西部支线市场需求不旺。供给方面，一则西部地区民航飞行条件较为严峻，二则支线飞机引进过程中关税增值税甚至高于干线飞机，且支线飞机在使用过程中税费优惠政策也不多，导致支线航空成本比干线高。供需两方面合在一起，使得大量潜在的航空运输需求不能马上转化为实际需求。

（二）海航在困境中坚持前行

1. 海航支线航空取得了一定的成绩

作为先行者，海航不仅成功地进入支线市场，建起了全国最大的支线航空运输网，而且也使得长安航空和山西航空获得了"新生"。以长安航空为例，海航2000年8月以入股形式对原长安航空进行战略性重组，并扩充长安航空的支线机队。重组后的长安航空拥有运营支线客机22架，占国内支线客机总数的一半以上，在西安、西宁、银川、太原和内蒙古境内机场，长安航空运营的航班量超过50%。此外，天津、哈尔滨、南京、厦门等80多个城市都成为长安航空航班的起降点，将大西北与全国各地连为一体。2001年长安航空完成运输周转量2986万吨公里，同比增长236%，实现收入2.6亿元，同比猛增439%，这样的业绩在国内民航业是非常突出的。

2006年海航积极与甘肃政府加强合作，重组了甘肃机场集团，初步形成了以兰州为中心辐射国内部分省会城市、沿海开放城市和著名旅游景区的航空网络，省内支线航空网络也开始形成，先后建成并开通了敦煌、嘉峪关、庆阳机场，开辟了部分国际航线和国际包机业务，为促进甘肃航空事业做出了重要贡献。

自海航进入西部发展支线航空以来，西部支线在近几年中呈现快速增长的趋势。2007年西南、西北地区旅客吞吐量分别为5860万人次和2446万人次，同比分别增长16.38%和22.36%，增速分别居全国六大区域的第三和第一位。

2. 海航支线航空面临较大的困难

虽然海航在支线航空的经营上取得了一些成绩，为国家、行业和区域发展做出了应有的贡献，但是在经营过程当中却遇到了重重困难。因为政策的瓶颈和环境的被动，海航支线一直处于效益不好的状态，长期承担着巨大的经济损失，这影响了海航支线既定的发展步骤与战略实现。

（1）安全风险大

多数支线机场地处偏远，飞行条件复杂，且设备落后，对安全运营构成巨大威胁。

（2）经营成本高

第一，支线飞机进口关税与增值税，综合税率为飞机价值的22.85%，平均座成本高于干线飞机50%以上。

第二，航材保障难、维修费用高、飞机日利用率低，支线飞机平均利用率低于B737机型20%以上。

第三，机场起降服务费占运营成本的12%~15%，欧洲支线航空协会成员同类飞机机场起降费所占运营成本比例为8%左右。

第四，航油支出占运营成本的20%，欧洲支线航空公司平均油料成本占总成本的8%左右。

（3）其它影响因素

第一，部分机场时刻紧张，限制支线飞机起降，影响网络的完善。

第二，部分公司运力过剩，用大飞机执行支线，稀释了航线收益。

第三，国家对投入支线运力培养航空市场的公司没有正面的保护政策，等市场成熟后其他公司马上投入大型飞机占领市场，造成初期开发市场的公司成本流失，严重影响航空公司发展支线业务的积极性，而欧美发达国家都有相应的保护鼓励政策。

三、连续七年献计献策，支线航空迎来发展曙光

众所周知，全世界的航空支线业务都是微利的，还有很多支线需

要国家补贴。海航用了十几年时间，创造了中国最大的支线机队，现在占中国支线市场40%以上份额。经过这十几年的培育，我们认为支线航空是有很大社会需求、很有潜力的航空服务项目。而且支线也没有干线竞争那么激烈。我们坚信，暂时的困难不会成为永远的困难，国家会慢慢调整支线政策。

作为全国政协委员和支线航空的先行者，我深感自己责任的重大，在认真研究总结我国支线航空发展面临的困境及海航在支线航空生产经营过程中的经验，自2003年起连续7年，我精心准备提交了一系列有关支线航空的提案，包括《关于大力推进西部支线航空发展的提案》、《关于发展支线航空，促进西部开发的提案》、《关于减轻中国航空运输企业税费负担的提案》、《关于取消民航基础设施建设基金、减免飞机进口购租税的提案》、《关于建立西部民航专项发展基金的提案》等。令人欣喜和值得庆幸的是，通过政协会议这种具有中国特色的"协商民主"形式，我的相关提案建议得到了民航局等相关政府职能部门的关注和认可，对相继出台的一些支持支线航空发展的措施和政策无疑起到了一定的促进作用；同时在业界其他各位委员的不懈努力下，支线航空受到越来越多的重视，支线航空工业及运输业都迎来了发展的曙光。

（一）支持支线航空发展的政策和措施相继出台

2002年中国民航开始了一次规模最大的、以市场化为方向的体制改革，这次改革为民航业大发展吹响了号角，也为支线航空的发展创造了契机。

2005年之后，民航局先后出台了一系列对支线航空运输的扶持政策、优惠政策和保护政策，包括《关于促进支线航空运输发展的若干意见》（2005年12月）、《民航总局关于进一步促进小型机场发展的若干意见》（2007年3月）、《民航中小机场补贴管理暂行办法》、《支线航空补贴管理暂行办法》、《民航基础设施建设贷款财政贴息资金管理暂行办法》（以上三项政策同时颁布于2007年7月）等。这些旨在扶持支线航空的政策措施无疑大力推动了我国支线航空事业的发展。

（二）推动了支线航空工业较快发展

近年来，支线航空的快速发展带动了支线航空工业的较快发展。国产飞机"飞起来"将带动民族工业的进一步发展，并在国家的产业结构调整与升级中发挥不可替代的作用。

经过长期的发展与积累，我国民机产业研制、销售、客服等方面的能力正在不断提升。我国自主研制的MA60飞机已经投入航线运营；正在研制的MA600、MA700系列涡桨支线飞机、ARJ21涡扇支线飞机、C919大型客机等型号的民机，一个涵盖干线和支线多个级别的全方位航空运输平台正在逐渐形成。

（三）支线航空发展机遇与挑战并存

随着国家和民航局对支线航空的重视程度和支持力度的增加，我国支线航空市场逐渐扩大，支线航空事业迎来了新的发展机遇。

第一，支线航空发展给航空运输业带来诸多积极因素。支线对干线起到较大的支持作用，完善航线网络，为干线培养航线市场和培养专业技术人员，并且支持边远地区、经济欠发达地区和中小城市的经济社会发展。

第二，支线航空呈现比较活跃的发展态势。近几年来，由于民航局对成立新航空公司的审批有所放开，尤其鼓励成立支线航空公司，大新华快运、华夏航空、鲲鹏航空等多家专营支线的航空公司相继成立，并且订购了大量的支线飞机，呈现出大规模发展态势。

第三，支线航空中更多的国产飞机"飞起来"。山东航空、上海航空、厦门航空、深圳航空等公司已于2004年起先后与中国一航签下41架自主设计并制造的ARJ21翔凤客机的先期订单。海航也已订购了25架中巴合作生产、完全在国内组装的ERJ145支线飞机。目前已经交付19架，还有6架即将交付。而2009年8月左右投入试运营的幸福航空公司，完全使用中航工业自行研制生产的新舟60支线飞机。越来越多的航空公司青睐国产的支线飞机。

诚然，一个行业的发展需要一个漫长而复杂的过程。中国的支线航空市场依然存在两方面的问题。

第一，支线与干线的市场结合紧密度不高。在需求上，由于航空旅客对航空旅行的时效性要求较高，不太愿意通过中转来安排旅程，市场空间不大，造成航空公司对衔接干线、支线航班、提供中转服务的积极性不高。在供给上，由于支线航空一直不能实现盈利，各大型航空公司对经营支线的积极性不高。

第二，支线航空仍然难以实现盈利。主要是由于支线飞机、航材和高价周转件的进口环节税赋依然过高等政策上原因，以及支线航空航程短、日利用率低等本身的运营特点，支线航空一直处于高成本运营，平均座公里成本比干线飞机高50%以上，难以实现盈利。

期待我们共同关注，继续努力，直至解决。

宋余庆

宋余庆，江苏镇江人。中国人民政治协商委员会第十、十一届全国委员会委员，镇江市政协第四届常委、第五、六届副主席。中国国民党革命委员会中央委员，民革江苏省委副主委，民革镇江市第七、八届主委，民革中央孙中山研究会副会长。研究员，博士生导师。1981年10月毕业于镇江医学院，后分别于南京理工大学、东南大学攻读研究生并获得计算机应用技术工学硕士学位和工学博士学位。历任镇江医学院医学信息教研室主任、计算机教研室主任、医学信息与计算机教学中心主任，镇江市科技局副局长，镇江医学院信息中心主任，镇江医学院副院长，江苏大学副校长。编著有《数字医学图像》、《信息科学导论》、《计算机情报检索导论》、《计算机基础与操作教程》等9部。

拳拳两届委员心

宋余庆

自 2003 年我荣幸地当选为全国政协委员，至今已有八个年头。我从内心深处感谢国家和人民给我这样一个发挥作用的政治舞台，能够以自己平生所学，对国家的制度建设作出贡献。作为民革界别的委员，我全力秉承中山先生的"博爱"精神，在参政议政中更多地关注民生话题。我来自普通的工人家庭，有医学专业背景，从事教育工作，为了实现平生夙愿，我的政协委员生涯也是一直围绕着自己的本职工作和专业背景展开的。

一、愿天下苍生永无病痛

小时候，见到邻里居民忍受疾病痛苦，心中非常难受。后来，我选择学医，立志为广大穷苦人去病除灾，治病救人。可我认识到，个人的医术和医德，只能救助很少一部分病人，政府的医疗政策则可以改善千千万万人的健康状况。成为政协委员之后，我为此倾注了大量心血，不停地调研情况，搜集资料，撰写提案。

我从事过医疗工作，对我国现行的医疗保障体系的弊端有所了解。我所在的城市镇江市，是全国首批医改试点市之一。为了对这个课题有一个更加清楚、完整、准确的认识，我有计划地做了三个方面的工作。一是把镇江两所医院作为长期重点联系点，定时去两所医院搜集相关数据资料，并同医院领导共同进行数据分析。康复医院和江滨医院是镇江市最好的两所三级甲等医院，后者还是我所在学校的下属医院。医院的领导听说我是在为全国政协会议准备提案，都给予了热情的支持和配合。二是走访因病致贫的家庭，详细了解医疗负担对一个普通家庭的影响。在走访过程中，农村贫困人口的生存状态让我久久无法忘怀，更增强了我作为政协委员的责任感。三是深入相关基层医疗机构调研，了解医疗问题所牵涉的每一个环节。我调研过卫生行政部门、医保部门等多个相关部门。通过多处走访，镇江所有医院及医保中心十多年来的所有数据我都完整搜集起来。在此基础上，我用计算机进行处理，分析了医保的使用状况、存在问题，反复研究，字斟句酌，写成了在全国政协十届一次会议上我的第一个建议案《强化政府职能，发挥市场机制，完善我国医疗保障体系建议案》。当时，像《江苏政协》等包括网络在内的许多媒体都全文转载了这一建议。这让我感到惊讶，没想到全国政协提案有如此大的影响力。让我更为激动的是，《中共中央国务院关于深化医药卫生体制改革的意见》调研、成文期间，国家发展改革委员会专门打电话、来函征求我的意见。后来的国家新医改方案中，有很多内容是我提案的具体建议。

从此之后，医疗保障的话题一直萦绕于怀，对一个话题连续关注也成了我的参政议政风格。八年的会议，我共提出八份关于医药卫生问题的提案，做到了每年一议。如十届期间的《关于把医疗卫生工作的重点放到基层去，办人民满意的医疗卫生事业的提案》、《关于建立公立医院为主导的社区卫生服务网络体系的提案》；十一届期间的《关于加大公共财政支持医疗保障制度改革的提案》、《关于在全国实施全民基本医疗保障，让人民共享发展成果的提案》、《关于进一步完善政府公共财政投入机制，强力推进以社区卫生为主的公共卫生服务体系建设的提案》、《关于坚持多元化办医疗的方向，走公益性医疗和市场化医疗并行发展之路的提案》。其中《关于实施适宜医疗，解决民众就医负担的提案》得到了承办单位和社会的高度评价。"卫提函〔2009〕9391号文函复"，表示为加强医疗技术管理和控制医疗费用不合理增长，已制定了《医疗技术临床应用管理办法》，同时正在制订多个病种的临床路径，开展病种质量管理，加大对医院医疗服务和收费行为的监管力度，力争将医药费用控制在合理范围内。

我长期关注医药卫生问题的体会是，依靠自己所在的参政党力量，有效利用党内资源，深入基层、走进一线，调查研究，就一定能发现问题并找到较好的解决方案。我由衷地感到，在中国共产党的领导下，参政党是一支国是建言的强大力量，是共和国的忠诚建言队伍，是中华民族伟大复兴的不竭源泉。

二、愿祖国大地山清水秀

在我担任全国政协委员的时候，正是我们国家经济快速发展的时期，也是发展中的问题日益凸显的时期。我们明显地感受到，周围的老百姓越来越富裕，生活水平越来越高。但是环境污染越来越重，人民群众对生活质量也越来越重视。我生活在长江下游,家住母亲河岸边,当看到江水无法避免严重污染时,心里很不是滋味。家乡人民的一句话,深深地打动了我:"我们既要金山银山,也要绿水青山。"我知道,作为一个全国政协委员,有责任把广大人民的呼声传递给祖国最高决策机构。

长江养育着4亿人,占全国总人口的近三分之一。长江流域整个面积占全国可利用水资源面积的54%,沿岸省市的国内生产总值也占全国总量的54%。曾几何时,长江干流60%的水体遭遇不同程度的污染,如果不抓紧治理污染,10年之内长江水系生态将濒临崩溃。生于斯、长于斯的我,不能坐视长江日趋严重的污染,我告诫自己必须为母亲河做点什么。

我作为江苏省镇江市政协副主席,联系城乡委员会的工作,考察水资源环境是我与条口政协委员们的经常性工作。我每年同镇江市政协城乡委的同志们共同确定一个水环境的课题,在调研过程中认真研究河流污染的各种成因,污染治理中的主要障碍,以及根治污染的有效手段。我们清醒地认识到,中国是一个发展中国家,有些地方甚至还十分贫困,在短期内彻底根除污染是不可能的。但是建议国家用行政手段将污染限制在最小的范围内,可以立竿见影。所以我带着这样的思路来思考水资源保护的提案。

我这个人头脑中有了问题就放置不下,只要有参与水环境保护的机会,我都积极参与进去。我参加过江苏籍全国政协委员水资源状况的专题视察活动,与各级水利部门的领导多次交流,还参加过地方水利部门邀请的一些水资源考察活动。我还专程去东北、广东等地了解河流污染情况。在此期间,我到达过全国七大水系,走访过许多水利专家，同环保部门的同志有过深度交流，也研读过一些水资源保护方面的书籍，形成了十届会议期间的一系列提案，如《关于制定更严格排放标准，保护我国水资源环境的提案》、《关于建立七大水系断面监测机制，切实做到谁污染谁负责的提案》、《关于建立七大水系保护机制，切实保障流域水质安全的提案》，十一届会议期间提出《关于实施综合整治，促进生态水源建设的提案》，受到社会广泛关注。

最让我欣喜的不仅是我的提案受到社会关注，更是看到我的建议成为党和国家部门工作的具体工作内容。我建议中的长江区域断面监测数据作为考核地方领导干部指标已经得到落实。去年环境保护部还开展了长江环保执法行动，这一行动推进了各地政府保护长江的意识和行动。

三、愿中华子弟皆成栋梁

2000年我有幸成为大学的校领导。作为民主党派的成员，我深知这副担子的分量。在民主党派的先辈中，有许多杰出人物都立志于教育救国。今天中华民族复兴的伟大事业，一丝一毫都离不开教育。众所周知，一个国家是否有前途，取决于这个国家能否培养出心智健全、品学兼优的下一代。中华民族能否真正崛起，能否赶超和领先于世界，教育十分关键。我身处教育第一线，必须关注国家的教育。

然而，我从事了近三十年的教育工作，尤其是十多年的校领导工作，一方面看到改革开放以来中国教育的巨大成绩，另一方面也深切感受到基于体制原因存在的许多弊端。从学生沉重的学习负担，到大学生的心理状况；从名校巨额的择校费用，到城乡教育的严重失衡；

从民办学校的日渐萎缩,到假民办学校的大肆敛财;从政府教育投入的严重不足,到教育产业化的过度膨胀,我看到了我国中小学教育急待解决的许多问题。教育是一个等不得的问题。每一个孩子都在快速长大,如果得不到优良的教育,就会成为流入社会的问题产品。十届会议期间,我每年都就教育的某一个问题作一项调研,提一份提案。我提过《关于呼唤健康的共和国未来建设者——保障学生自主生存权的建议案》、《关于重视全国重点高等院校,将其全部纳入211建设学校行列的提案》、《关于在科学发展观指导下,办人民满意的高等教育的提案》、《关于废止民办义务教育,保障义务教育公平的提案》、《关于废止民办义务教育保障义务教育均衡发展的提案》,十一届会议期间提出《关于解决教育有关问题的提案》等,都受到教育界的广泛关注。

让我感到欣慰的是,连续两次提出《关于废止民办义务教育,保障义务教育公平、均衡的提案》,尽管提案承办单位没有给予答复,但引起了江苏、山东等全国许多教师和教育管理者的关注。尤其是从事义务教育阶段的教师,他们不管来自城市还是农村,纷纷给我来信,有一封信说,"你反映的情况就是我们这儿的实际,你提的建议就是我们的要求"。能代表一线老师们的意见,能代表广大教师为国家教育建言,我感觉很满足,很自豪。

回顾做了八年委员的历程,心中感慨万端。一方面,在自己本职工作之外,开展过大量的调研,进行过大量的阅读和思考,我实在有一种心力交瘁的感觉。但另一方面,能在政协这个舞台上为国建言,能在长期对社会的观察和长期的工作中就一些问题进行深入的调查、思考,最终在周围人的共同努力下写成一个个提案,使我内心涌动着一种特别的成就感，这是我莫大的荣耀。今后，我还要勉励自己，要继续努力，为民呼吁、为国建言，不辜负党和人民对政协委员的要求。

贾庆国

简 历

贾庆国，1988 年在美国康奈尔大学获得博士学位。先后在北京外国语学院、美国佛尔蒙特州立大学、北京大学、美国康奈尔大学、美国加州大学圣迭哥分校和澳大利亚悉尼大学任教。现任北京大学国际关系学院副院长、教授，多家国际知名学术刊物编委和英国国际战略研究协会会员，国家监察部特邀检察员。中国人民政治协商会议第十届全国委员会委员、第十一届全国委员会常委。民盟中央常委、民盟北京市委副主委。

主要专业研究方向包括国际政治、中美关系、中国外交和台海两岸关系。已出版专著一部、主编四部，并在国内外著名学术刊物上和学术论文集中发表中英文学术论文八十余篇。

关于加大打击海外在逃贪官工作的思考

贾庆国

一个提案的提出，常常跟政协委员自己的专业和经历有关。我的一些提案也是如此。2004年我在全国政协提交了《关于加强打击我国海外在逃贪官工作的建议》就是这样一个提案。这个提案希望政府关注中国海外在逃贪官问题并采取更加有效的措施加大打击海外在逃贪官的力度。在提交这个提案之前，我已经对这个问题关注了一段时间了。

这个问题最早引起我的注意是在上世纪90年代后期，作为研究国际关系和中国外交的学者，我一直关注国外媒体对中国的报道。当时国外一些媒体报道说中国有不少贪官逃往海外，并说这些贪官腰缠万贯，出手阔绰，到处买名车购豪宅，甚至把包括美国加州一些地方的房地产价格都炒上去了，成为当地的新闻。而且据说这些人买房一般不用贷款，而是用现金，把习惯于帮助别人贷款购房的当地房地产经纪人弄得目瞪口呆，当然也因此赚到很多钱而高兴死了。

读到这些报道，我的心情很沉重，也感到很愤怒。这些在逃贪官违反党纪国法,窃取巨额国家财富,可以说是犯下了滔天大罪。但他们不仅逍遥法外,而且还在国外拿着犯罪所得,大肆挥霍,过着灯红酒绿的日子!这些人一贪就是上千万,甚至上亿,而那些在田野里每日起早贪黑辛勤劳作的农民,那些背井离乡在城里风里雨里卖苦力的农民工,他们一年到头只挣几千块钱,天理何在!更为可气的是,听说有些贪官在办移民手续,为了能获得批准,还昧着良心以自己的人权在中国得不到保障为由向所在国家的法庭申请什么政治庇护。一些对中国毫不知情,充满意识形态偏见的法官竟然允许他们以此取得合法居留的身份。

在随后对这个问题的关注过程中我发现,逃往国外的贪官人数还真不少,2002年8月21日中国新闻网报道说:"据不完全统计,目前有4000多名贪污贿赂犯罪嫌疑人携公款50多亿元在逃。"针对这种情况,中国政府也采取了一些措施,力图将这些人绳之以法。例如,在跟加拿大外交官和学者的交谈中,我了解到,中国政府为了将逃往加拿大的赖昌兴引渡回国,反复跟加拿大政府交涉,针对加拿大不将犯罪嫌疑人引渡到施行死刑制度国家的法律,朱镕基总理还公开表示中国政府不会对赖昌兴本人判死刑。但是,由于种种原因,我们在追捕海外在逃贪官方面的工作成效不大,绝大多数海外在逃贪官至今还逍遥法外。

随着对这个问题关注的深入,我觉得这个问题对国家利益危害极大。首先,它造成大量国家财富的流失。这些贪官带出国外的钱2002年时的估计就超过50亿。可以说数额巨大,若不采取有效措施,还不知道有多少钱要这样流失。其次,它阻碍了我们反腐倡廉的工作。只要这些贪官可以通过外逃能够逍遥法外,逃避制裁,更多的掌握权力但意志薄弱的人就认为贪腐后还有机会逃避法律制裁而铤而走险，这无疑将增加我们反腐倡廉工作的难度。再次，它损害了党和政府的形象。如果我们无法更加有效地打击海外在逃贪官，就会引起很多联想。如有人说之所以这么多贪官抓不回来，是因为某些政府高层自己牵涉其中，他们出于自保，担心这些人回来后会揭发自己，所以并不想将这些人缉拿归案。尽管这种传言毫无根据，但在国内外还是给国家形象造成恶劣的影响。最后，它使得正义无法得到伸张。只要这些贪腐之人得不到惩罚，善良的人的权益遭到践踏，社会的良知就得不到有效维护。

所以我认为，我们必须想想办法，加大对海外在逃贪官的打击力度，即使我们追捕这些人面临重重困难，即使由于种种原因一时还无法将这些人缉拿归案，我们也得想办法让这些人在海外的日子也过不舒坦，向世界表示我们将这些人缉拿归案的决心。

如何才能够让这些人在海外也无法过舒坦的日子？如何才能更加充分地表明我们追捕这些人的决心？我对这个问题的思考主要有以下几个方面：

一是我们需要加大追捕工作的力度。首先，外交部要加强这方面的工作，要反复向有关国家的政府表明我们在这个问题上的态度，要向对方交涉要求遣返涉嫌人员，同时利用各种方式和机会向对方施加压力。其次，外交部和公安部要与国际刑警加强沟通，争取得到它们的帮助，以尽快查找这些人的下落，并在可能的情况下抓捕这些人归案。

二是我们需要在舆论上展开凌厉的攻势。我们可以高调在国外起诉在逃贪官，组织调查团访问相关国家，通过上述做法，向在逃贪官们表明，我们没有也不会放弃追捕工作，同时也向有关国家的民众表明，他们的政府和法院阻碍我追捕贪官的做法，于情于理都说不过去，在这个问题上它们有必要跟中国合作。

有人说，家丑不能外扬，贪官外逃不是什么好事，最好不要在国外宣扬，这会影响到我们的形象。我认为这种看法是十分错误的。贪官外逃的确不是什么好事，但纸里包不住火，你不说别人也知道。事实上，我对海外贪官问题的了解更多的不是从我们自己的媒体那里得到的，而是在海外媒体那里和各种传言中了解到的。在这个问题上回避只能给别人从坏的角度制造更多的想象空间，好像我们真的做了什么见不得人的事似的。事实上，公理在我们这一边，我们要求这些国家的政府遣返藏在他们国家的在逃贪官是完全合理的。这些国家的大多数民众对这个问题并不知情，如果他们了解到他们的政府和法院在袒护中国的在逃贪官的话，他们也不会容忍的。

还有人说，在国外起诉这些人难度很大，而且费用不菲。但我认为，再难，我们也要做，再贵，我们也不能不有所作为。只有我们做了，我们才有可能将这些人缉拿归案，只有我们有所作为了，我们才有可能对国内那些掌握权力且意志薄弱之人形成心理上的震慑，阻止他们走上贪腐这条邪恶之路。在这方面，如果我们不有所作为，无论从政治上还是良心上都是说不过去的。当然，为了节约费用，我们可以选择重点起诉那些贪污数额特别巨大，犯罪事实确凿的嫌犯。

三是采取必要措施让在逃贪官无法在国外过安稳日子。首先，在证据确凿的情况下，对这些人实行缺席审判，这些人既然犯了罪就应该得到应有的审判。尽管他们不在国内，但在证据确凿的情况下，该审还是要审，该判还是要判，而且要迅速进行，通过缺席审判使这些人，不管逃到天涯海角，都背上可耻的罪名。其次，在证据确凿的情况下，通过各种媒体公布海外在逃贪官的名字和犯罪事实，让世人了解和知晓他们所犯的罪行，使这些人即使在海外也要面对社会的谴责。第三，政府有关部门特别是公安部门，要给海外在逃贪官建立黑名单，并严厉禁止所属各级单位向海外在逃贪官及其亲属提供任何证明和公证文件，特别是不得提供无犯罪记录的证明文件，这样至少可以增加这些人在海外办理移民手续的难度。第四，政府有关部门特别是公安部门，要对这些人的亲属加以重点监控，限制其出入境，并禁止国内单位与其本人或亲属在海外成立的公司发展业务关系，并从中牟利。

这个提案2004年在两会期间提出后，引起媒体和网上热议，在国内外产生了较大的反响。从看到的反应说，我的感觉是绝大多数人是支持这个提案的。他们认为这个问题是严重的，加大打击海外在逃贪官的力度是必要的，提案中的建议也是可行的。记得这个提案中有的建议在网上还引起一番争议。如有人认为在网上公布在逃贪官的名单和犯罪事实的做法会损害犯罪嫌疑人的个人隐私，认为在法庭判决之前，谁也没有权力这样做。针对这个说法，网上有人反驳说，这种做法没有什么不妥，公安部门通缉嫌疑犯是常见的做法，况且某个单位的人消失了，在网上登个寻人启事总是可以的吧。

到底这个提案对于我们加大打击海外在逃贪官的力度能起多大作用，我不知道也不敢妄言。但是作为政协委员，我有义务就我所了解的我认为重要的情况向政府有关部门反映并提出自己的建议。因为只有这样做了，我才能做到问心无愧。

罗 霞

简 历

罗霞，女，汉族，1962年7月生于重庆。西南交通大学交通运输学院副院长，教授，博士生导师。现为四川省学术和技术带头人，国家级精品课程——《交通管理与控制》主持人，交通工程国家特色专业负责人，教育部高等学校教学指导委员会交通工程分委会委员，交通部西部项目专家组成员，公安部、建设部"畅通工程"专家组成员，四川省公路学会理事，成都市公路学会副理事长。多个国际会议执行主席、学术委员会成员及学术刊物编委。中国人民政治协商委员会第十、十一届全国委员会委员。致公党中央委员、四川省委常委、成都市委副主委。

用专业和责任书写提案

罗 霞

不久前全国政协来函约稿,希望我以"感受最深的提案为题材,将提案背后发生的真实的故事讲述出来"。我是 2002 年 12 月被提名为第十届全国政协委员并连任为第十一届委员的。七年来,我每年向全国政协会议提交五六件提案,关注的内容涉及交通、教育、社会民生,从交通发展到教育改革,从城市土地利用到灾区青年就业等,听民声、体民意、察民情,民生总关情。对提案之事克尽己任,以求不辱使命,不负众托。每一份提案都包含着使命和责任,每一份提案都凝结着自己的思考和集体的智慧,每一份提案背后的确都有一段动人的故事。随着国家大部制体制的不断建立和完善,不禁让我回忆起使我铭记在心、感受至深的提案书写之旅,也正因为全国政协的关注和推动,中心城市的交通行政体制改革才取得了今天的成就,因此写来与大家分享。

我长期从事城市及区域交通规划和发展战略研究,在研究的过程中发现,随着社会经济的不断发展和改革的不断推进,由于长期受计划经济体制和城乡二元结构的束缚，体制问题已成为制约交通行业和城市社会经济发展的主要障碍，传统的交通发展的模式难以解决交通现代化和综合运输的发展。当时，我国中心城市交通行政管理体制主要有三种模式：一是由交通、城建、市政、公安等部门对城市交通实施交叉管理的传统管理模式；二是由交通部门对城乡道路运输实施一体化管理的模式；三是"一城一交"综合交通管理模式。中共十六大提出的统筹发展和加快行政体制改革的思路，使我豁然开朗，只有深化交通行政管理体制的改革才能从根本上推进交通行业的稳步发展和综合运输体系的不断完善。我当下认真整理和梳理自己的想法，并将其反应给致公党中央，我的想法引起了致公党中央的高度重视。时任全国人大常委、全国人大财经委副主任、致公党中央常务副主席的杜宜瑾亲自约见原交通部副部长胡希捷协商相关问题，得到了时任全国政协副主席、致公党中央主席罗豪才的关注和支持。很快在相关部委的大力支持下，由致公党中央牵头，致公党中央参政议政委员会承担了"关于我国中心城市交通行政管理体制的调研及发展方向的探讨"课题，选取深圳、重庆等城市正式开始调研工作，力图找到破解体制难题的答案。

2003年9月24日，中国致公党关于我国中心城市交通行政管理体制研究课题组由杜宜瑾常务副主席带队，会同原交通部体改法规司司长朱永光，在重庆市政协副主席、致公党重庆市主委王孝询等陪同下，考察了重庆市高速公路综合执法情况以及重庆市城市交通基础设施建设情况，并于同月25日召开了调研座谈会，得出交通体制改革需用系统的观点从整体上把握存在的矛盾，以发展的眼光从全局的角度分析存在的问题。同年9月26日，调研组在深圳市交通局相关人员陪同下考察了深圳市盐田港集装箱码头，听取了相关人员关于港口建设与发展情况的汇报，考察了深圳市城市交通基础设施建设及城市交通组织管理情况，并于9月27日召开座谈会，会上深圳市交通局副局长黄敏就当时深圳市交通存在的机遇与挑战作了主题发言，交通部体改法规司副司长柯林春就中心城市体制改革发表了自己的看法。随后由时任致公党中央秘书长的邱国义带队在上海、北京和武汉也进行了调研和考察，在调研中武汉市政协副主席黄蔚堂、交通部规划司副司长蔡玉贺、体改法规司副司长朱枷林、北京交通委员会主任刘小明教授、上海建设与交通委副主任干观德、交通部科学研究院主任李忠奎和丰伟博士等都给出了有价值的意见和建议，同时也对西方发达国家的交通行政体制进行了分析。经过课题组反复讨论，认为交通的发展必须着眼于综合交通的整体推进，"一城一交"的大交通管理模式具有更强的宏观调控能力、更好的综合统筹能力、更高的组织运行效率和社会经济效益，因此，改革传统管理体制、建立大交通模式是势所必然，是交通发展实现"两个统筹"（城乡统筹、运输方式统筹）和"两个共享"（城乡共享交通基础设施建设、城乡共享交通运输服务水平）的科学抉择。

调研结束已经是12月份了，课题组抓紧整理调研资料形成研究成果上报全国政协提案委员会，提案委员会于2004年2月，也就是在全国政协十届二次会议召开前夕组织了研讨会。会议由全国政协常委、提案委员会主任、中纪委原副书记傅杰主持，国家发改委、交通部、建设部、公安部、国务院研究室、国务院编办等相关部门的领导和专家参会，全国政协副主席阿不来提·阿不都热西提和原致公党中央常务副主席杜宜瑾出席了研讨会，我代表致公党课题组就课题形成背景及调研报告的主要内容作了主题发言。原交通部副部长胡希捷认为交通要发挥对经济的先导作用，理顺条块关系，优化交通资源尤为重要。建设部原副部长、两院院士周干峙认为中心城市交通体制改革必须全盘考虑，优化设计。时任国家发展和改革委员会交通运输司司长的王庆云、交通部公路司司长张剑飞、交通部体改法规司副司长柯林春、建设部城建司副司长王凤武、中央编办副司长周锡明、全国政协委员邱国义、国家行政学院教授王伟、国家发展和改革委员会综合运输研究所所长董焰等发表了自己的看法。与会领导和专家围绕中心城市的行政体制改革积极建言献策，气氛非常热烈。第二天《中国改革时报》、《中国交通报》、《人民政协报》等媒体报道了会议情况和专家们的观点。结合专家们提出的意见和建议，致公党最终向全国政协十届二次会议提交了高质量的《关于积极推进中心城市交通行政管理体制改革的建议》的党派集体提案。在全国政协十届二次会议召开之前，提案初稿已由相关部门审阅并完善，从而为这一提案的实施提供了最大的可行性。这一过程对我而言既是一个参政议政的过程，又是一个学习和实践的过程，受益匪浅。2004年10月，在第21次全国中心城市交通改革与发展研讨会上，《中国中心城市交通行政管理体制改革研究》作为大会主题报告，引导了体制改革发展思路，带动了成都等一批中心城市的交通行政体制的改革探索。总结几年的改革实践，2009年年初交通运输部体改法规司印发了《深化中心城市交通行政管理体制改革研究》，以"两个统筹"为特征的新一轮中心城市交通行政体制改革已经全面展开。

中国致公党中心城市交通行政体制改革专题调研会

交通行政体制改革是一个复杂的渐进过程，我一直追踪研究和探索，积极建言献策，其中《关于加快综合交通枢纽发展的提案》被收录在《把握人民的意愿——政协第十一届全国委员会提案及办理复文选》中；《关于加快我国城乡交通统筹发展的建议》、《关于省级交通行政管理体制改革的建议》被中央统战部以单篇形式收录。作为全国政协委员我最高兴和欣慰的是书写的提案已转化为行业政策性指导意见和生动的实践。如今，国家交通运输部已经成立，标志着国家层面大交通管理体制的基本确立，交通面临科学发展的大好局面，我将一如既往发挥专业特长优势，履行参政议政职责，继续用专业和责任书写提案。

骆沙鸣

简 历

  骆沙鸣，生于1957年，原籍台湾新竹市。福建中医学院成教院中医系本科毕业、福建医科大学耳鼻咽喉科硕士研究生课程班结业。先后被聘任为副主任医师、主任医师，并多次被评为卫生系统先进个人。中华临床医学会副理事长，福建省中华医学会激光医学分会常委，泉州市耳鼻咽喉学会副主任委员，第五届泉州市科协主席。中国人民政治协商会议第十一届全国委员会委员，第十届泉州市政协副主席。台盟中央委员，台盟福建省委副主委，台盟泉州市委主委。荣获"全国各民主党派、无党派人士为全面建设小康社会作贡献先进个人"称号。

为涉台文物保护鼓与呼

骆沙鸣

我作为全国政协委员在十一届一、二次会议期间提交了46份提案、大会发言7件和社情民意信息10件。其中向二次会议提交的《关于进一步加强福建省涉台文物保护利用工作的若干建议》案我至今记忆犹新。形成该提案的调研过程、提案的提出和办理，都使我深深感受到作为政协委员的责任重大和使命光荣，我应更多地建有用之言，献可行之策。

而作为一名台盟界别的全国政协委员，我理应更多地反映两岸同胞（尤其是台胞）的呼声和诉求，也理应更多地关注和撰写涉台提案。近年来的耳闻目睹，使我对涉台文物的保护与利用状况感到忧心忡忡。通过提案的办理，我也为涉台文物保护工作得到各级部门的重视和支持而感到欢欣鼓舞。福建省登记在册的涉台文物就多达1076处，饱含着丰厚的历史、科学、艺术价值和丰富的历史人文信息，也是闽台"五缘"的历史印迹和佐证。闽台地缘相近、血缘相亲、文缘相连、商缘相通、法缘相循。2008年我曾接待过台湾工党主席郑昭明。郑先生十分关心涉台文物——郑成功屯师东石白沙场遗址的保护工作，并建议应尽早界定该重点文物保护单位的区域，保护其生态环境。他表示愿为此在台湾筹资帮助修复保护郑成功屯师收复台湾的古战场，将其建成爱国主义教育基地。海峡东岸的台湾同胞尚且对共同家园的涉台文物瑰宝的保护如此重视和执著，我们更应责无旁贷地为做好涉台文物的保护与利用工作而鼓与呼。

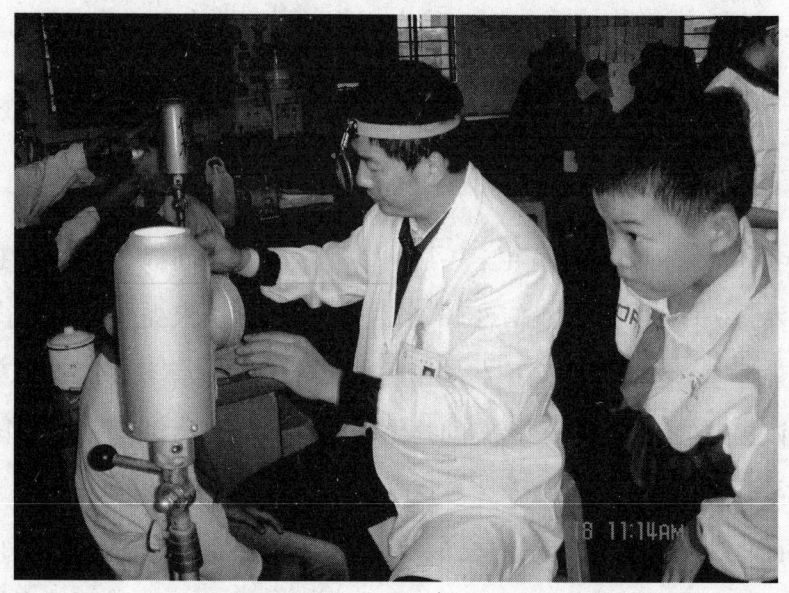

作者在为患者检查治疗

多年来我一直关注并通过调研报告、社情民意信息、政协提案等形式推动各级政府加强大陆（尤其是福建和泉州）的涉台文物保护利用工作，也推动了相关的立法、宣传和执法检查工作。福建省人大常委会在2009年8月通过了《福建省文物保护管理条例》，该条例率先在国内首次明确了涉台文物的定义：反映大陆和台湾之间的政治、经济、文化等方面交流交往，体现两岸同胞同宗同缘关系，并具有历史元素、科学价值的实物和重要史迹。这为福建涉台文物保护工作指明了方向并提出了可操作性，同样也对全国涉台文物保护工作具有一定的指导意义。

我曾在台湾进行过实地观摩学习，得出的结论是岛内关于文物保护利用工作方面的现代理念和成功经验值得借鉴。我们也应树立建设是发展、保护同样也是发展的理念；建立政府立项资助和民间社团承接涉台文物保护、修复、利用的多元工作机制；鼓励台胞参与涉台文物保护工作，吸纳社会资金参与保护工作；创新更加科学有效的涉台文物保护管理机制；通过复制、借用、有偿租用等方式，扩大中国闽台缘博物馆的涉台文物宣传展示效果。我们应学习台湾注重文物保护范围内的生态环境整治，为反映和保护文物周边环境的独特性和重要性，设立必要的保护区、缓冲区和建设控制地带等做法，使其重要的天际线和景观线得到更有效的保护，使文物的整体保护更加科学、更加可持续发展。

2008年5月初，我有幸作为泉州市赴台南市第七届郑成功文化节参访团副团长，又一次目睹了台湾的变化并又一次深切感受到两岸文化交流的那种润物细无声的作用。在台南市第七届郑成功文化节开幕式和泉州市人民政府代表泉州人民赠送台南市人民的一尊重达200多吨的郑成功骑马的花岗岩石雕像的揭幕仪式上，台南市不同政党、不同宗教信仰、不同阶层人士及广大市民踊跃参加的热烈气氛，使我更加认清了福建省涉台文物是海峡守望中的一盏灯塔，是两岸共同家园的重要组成部分，应把涉台文物看作是我们能够面对未来两岸关系可持续和平发展的重要资源和宝贵财富。福建省有许多个性鲜明与民族性极强的具历史、科学、艺术价值的不可移动文物，它们反映了闽台地域文化之间不同历史时期的内在联系。如果涉台文物保护不力，极易造成海峡西岸城市文化空间的缺失与破坏、闽台历史文脉的割裂和社区邻里的解体,最终导致海西城市记忆和文化魅力的削弱乃至消失。

该提案的建议内容主要包括:一、应对现已查明分布在福建省的涉台文物资源实施有效保护管理、合理利用和生动展示,发挥其在促进祖国统一等方面不可替代的巨大作用。福建省及各地市财政应力所能及地安排一定的配套资金与国家财政安排的专项经费,对集中在各地的涉台文物分清轻重缓急开展保护维修和文物生态环境整治。对那些年久失修、濒临损毁、不可再生的涉台文物应加紧抢救维修,进一步改善涉台文物保护范围内的生态环境,为省市涉台文物的展示和利用打下良好基础。应配合全国文物普查工作进一步完善各地涉台文物的普查认定。在普查摸底的基础上将更多重要涉台文物列入省级、国家级文物保护推荐名单,尤其是郑成功文化史迹文物。同时应重视福建省地下和海底涉台文物的挖掘保护工作。要使涉台文物保护更有尊严、更有价值,使涉台文物保护利用工作与经济社会建设有机结合并相互促进,使涉台文物保护工作能惠及广大人民群众。二、应进一步整合福建省目前众多能反映闽台关系的专题博物馆等资源,积极探索更具知识性、时代性、趣味性、互动性和亲和力的展示方式。并制作相关的文册、画册和影碟,便于携带入岛交流宣传,在泉金、厦金、榕台、泉台客运航线上免费赠送这些资料,以扩大宣传实效。反映闽台历史渊源的文献资料和生活实物资料的消逝速度正在加快,应更重视征集和抢救可移动涉台文物,并将相关的可移动涉台文物和不可移动涉台文物等做成图片专题,分期分批赴岛巡回展出,不断深化闽台在文物保护方面的交流与合作。三、整合福建省与涉台文物保护相关的民间组织的力量,加强涉台文物保护的公益性广告宣传工作,营造良好的涉台文物保护的社会氛围。让中小学生每人每年都至少接触一次涉台文物，使涉台文物保护的常识进校园、进课堂，使更多中小学生成为保护福建省涉台文物工作的志愿者和宣传员。支持涉台文物保护的相关民间组织对各级政府的施政监督，促使涉台文物保护利用更加健康有序可持续发展。在保护中合理利用，在利用中促进保护。四、注重涉台文物保护范围内的生态环境，对那些没有界定起止范围的涉台文物保护单位应及时上报，或利用文物保护单位级别升格之机，重新明确界定保护区、缓冲区与建设控制地带范围，防止现有涉台文物保护的生态环境进一步破坏。对涉台文物重要的天际线和景观线加强保护。对部分被破坏的涉台文物历史风貌的建筑物，在尊重其独特性和差异性的前提下，运用传统工艺和现代科技进行补救性、抢救性修复。力求保护其丰富性和真实性、完整性。五、加大相关文物法规的宣传力度，唤起全民的保护意识，加强文物保护法的执法力度。各级人大常委会可适时将《中华人民共和国文物保护法》和《福建省文物保护管理条例》列入执法检查内容，依法加大对涉台文物的保护力度和进一步规范福建省涉台文物的保护管理工作。六、依据《国务院关于加强文化遗产保护的通知》（国发［2005］42号）的精神，加强福建省对涉台文物保护工程的组织和依法监督管理。抓紧组织编制《福建省涉台文物保护总体规划》和督促各地市组织编制《涉台文物保护规划纲要和实施方案》，并将该规划工作融入《厦、漳、泉三市闽南文化生态保护实验区建设规划》中去。创新更加科学有效的涉台文物保护管理机制。七、建议在福建省各大学学报、期刊和研究所的学术期刊上开辟涉台文物相关的比较性研究专栏，主动掌握涉台文物研究、保护、挖掘利用的话语权，为中国闽台缘博物馆提供更多翔实的涉台文物。加大对中国闽台缘博物馆及相关博物馆在涉台文物陈列展览、改进和提升工作的支持力度。应进一步广泛发动各界热心参与收集和充实涉台文物馆藏工作，扩大闽台缘博物馆的涉台文物宣传展示效果。争取赴台征集和复制涉台文物。定期举办闽台文化遗产保护高峰论坛。适时举办由两岸专家、学者和社团参加的涉台文物保护利用高峰论坛。举办涉台文物保护利用知识竞赛活动和征文比赛等。八、涉台文物保护应与创意产业有机结合起来，在研究与宣传涉台文物的丰富内涵与历史渊源的同时，运用动漫、电影、布袋戏、提线木偶和戏剧创作等形式提炼包装，把福建省涉台文物作为福建文化创意产业的丰富营养元素和素材，使福建涉台文物保护工作更具有生命力、影响力和可持续发展。每处涉台文物都承载着丰富而重要的历史和人物故事，福建涉台文物承载着闽南文化、客家文化、妈祖文化、海洋文化等传承见证和重要思想宝库。我们应运用创意产业将这些历史和故事演绎成记录福建城市特色的创意产品，努力把福建建成海西经济区的重要文化产业基地和闽台文化产业合作中心。九、进一步加强福建古籍的整理、出版和研究利用，建立古籍涉台综合信息数据库，并设立相应的专家委员会，聘任有关专家负责珍贵涉台古籍的定级审核和普查咨询工作，走出只重视不可移动涉台文物工作而不重视可移动涉台文物的误区。各级各类图书馆要积极主动配合这项工作，并通过讲座、展览、培训、研讨等形式普及保护涉台古籍知识，展示保护涉台古籍成果，营造全社会共同保护可移动和不可移动涉台文物的良好氛围。十、闽台在涉台文物保护方面可建立城市联盟，如泉州市可与台南市、厦门市可与台中市、漳州市可与彰化市建立城市联盟，整合和优化两城市涉台文物保护的资源配置；可在每年的"海峡论坛"或"闽南文化节"上进行更多城市联盟的互动，并达到双赢。十一、建议尽快成立闽南文物修复技术学（校）院，该院校可兼具涉台文物修复技术传承、创新、行业标准制定和评估等职能。涉台文物的保护包括了文物的修复。目前闽台两地都同样面临着文物修复技术发展现状与日益增长的文物保护需求之间的差距日益扩大的问题。中国传统修复技术有其自身的历史文化印记和技术价值，文物修复市场需要许多实践性和技术性强的应用型技术学科人才。

涉台文物保护工作是一项长期性、复杂性、系统性的工程。虽然我国已启动涉台文物保护工程，国家文物局每年拨出数千万元的专款资助涉台文物保护工作，但我国涉台文物保护工作仍然任重道远，我作为全国政协委员将继续关注、关心我国的涉台文物保护工作。在为提出这份提案而进行的调研过程中还产生了不少"副产品"，如《建议包括"海西"在内的大陆所有对台文宣品均应有中文版、闽南语版、客家语版、英文版、日文版》、《客观评价郑成功等涉及民族问题的历史人物将有利于促进祖国和平统一》、《台湾工党主席郑昭明关心郑成功屯师东石白沙古战场遗址保护等工作》、《应及时修正对台近海渔工试点办法使对台渔工劳务合作更有成效》等分别被省政协、国台办和全国政协采用。《借鉴台湾由生产性服务商承建科技园区做法加快政府职能转变》得到各级政协、政府的重视与采纳。《关于打造闽台职业教育合作试验区的几点建议》，被确定为2009年省政协重点提案并为《人民政协报》专门报道。提案的办理、落实也使我以更饱满的政治热情、更有为的履职理念、更务实的工作作风，站立在全国政协委员这一人生新座标圆点上开启新的征程。

心系台湾是我永恒的情结，根、脉、缘的文化认同也是维系海峡两岸同胞的不解之缘。今后我还将坚持闻鸡起舞善学习、闻风而动勤调研、善学勤思多动手，谱写更多参政、议政的故事。

司富春

简 历

司富春,生于1963年2月,河南新郑人。上海中医药大学医学博士,韩国浦项科技大学博士后。教授,博士生导师,河南省特聘教授,河南中医学院基础医学院副院长、中医药分子生物学实验室主任。中华中医药学会中医基础理论分会副主任委员。河南省优秀专家,河南省重点学科中医基础理论学科带头人。河南省文明教师、省优秀归国留学人员先进个人、省留学青年回国创业之星、省自主创新十大杰出青年;为全面建设小康社会做贡献全国先进个人。享受国务院颁发的政府特殊津贴。荣获河南省留学回国人员成就奖、省青年科技创新杰出奖。

中国人民政治协商委员会第十、十一届全国委员会委员。

一份引发中医药研究热的提案

司富春

1999年初,我放弃国外优厚的待遇,婉拒导师的一再挽留,毅然回到祖国的怀抱,成为河南省中医药界唯一一位回国博士后,在河南中医学院从事中医药和分子生物学的教学、科研和临床工作。

回国伊始,我购置了许多科研试剂、书籍和仪器,引入多项生物高新技术。我积极发挥自己的专业特长,在河南省各级领导及河南中医学院领导班子的亲切关怀和大力支持下,组建了中医药分子生物学实验室,承担国家和省部级科研项目20余项。我主持的"河南省杰出青年科学基金项目"和"河南省杰出人才创新基金项目",分别在2003年和2006年被河南省科技厅评为优秀成果。我主持研究的从中药中研制出新型抗癌药物项目,在临床上治疗肝癌、乳腺癌等,取得癌块缩小和痊愈的显著疗效。作为博士生导师,我认真搞好教学工作,培养了30余名博士、硕士研究生。在学科建设方面,作为中医基础理论学科带头人,我负责的学科成为河南省重点学科和国家中医药管理局重点学科建设，中医基础理论被评为河南省精品课程。在搞好教学教研工作的前提下，我还利用业余时间诊治了许多难治性疾病，为患者解除了痛苦。多年的潜心研究，使我具有较强的创新能力、较深的科研造诣和较高的学术威信，在中医药和分子生物学研究领域做出了许多开创性的研究工作，为中医药现代化研究和走向世界做出了自己力所能及的贡献。我先后主持和完成国家、部委和河南省科研项目20多项，获得多项成果奖，在国内外发表论文100多篇，出版专著15部。

在做好教学、科研和临床医疗工作的同时，我还积极追求政治进步。2003年我光荣地成为了一名全国政协委员。从此，我积极参加界别活动，切实履行政协委员职责，深入调查研究，广泛咨询论证，积极参政议政，踊跃建言献策，多次受到全国政协、中央统战部和河南省委、省政府、省政协及有关部门的表彰。每年的全国"两会"期间，我围绕党和国家的中心工作和人民群众关心的热点问题，结合自己所从事的中医药、教育、医疗、科研工作实际，撰写了多篇有分量、有见地、有思考、有分析的优秀提案。粗略统计，近年来我仅作为第一提案人就提交了30项提案，其中8项被全国政协列为A级提案，22项被列为B级提案。

最值得一提的是，我在2004年全国政协十届二次会议上提交的《加强中医药研究，充分发挥中医药在感染性疾病防治中的作用》的提案，经大会审查立案后，被全国政协办公厅批转国家中医药管理局研究办理。提案受到中央有关部门的高度重视，办理结果引起了广泛关注，产生了良好反响。

该提案产生的背景，正是2003年"非典"疫情肆虐、各地群众恐慌不安之时。在战胜"非典"疫情的过程中，中医药在预防和治疗"非典"中起到了非常重要的作用，一度引起了国际医学界的高度重视。凭借自己的职业敏感，我在全国较早地提出要更加重视和加强中医药研究、充分发挥中医药在防止感染性疾病中的独特作用。

　　感染性疾病是世界各国共同面临的一个严重的公共卫生问题。例如，我国艾滋病患者呈快速上升趋势，至2002年底感染人数已达100万人，发病人数约8万人；结核病患病人数位居世界第二，每年新发肺结核病人145万，因结核病死亡人数13万；病毒性肝炎流行形势严峻，乙肝病毒携带率为9.8%，现有慢性病毒性肝炎患者2000万人，每年约有28万人死于乙肝病毒感染相关的疾病，全国每年用于肝炎和肝病的直接医疗费用高达1000亿元。这些已有的感染性疾病和新发的感染性疾病不仅是公共卫生防疫的难题，而且成为日益严重的社会问题。如不及时有效控制，必将给经济发展和社会稳定带来严重影响。

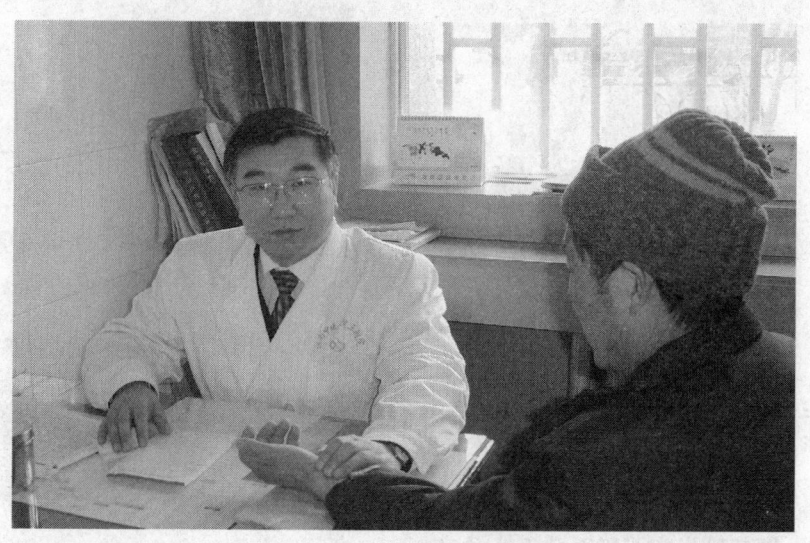

作者在基层医院诊治病人

因此，感染性疾病的防治已经成为关系民族兴衰、社会稳定、经济发展和国家安全的战略问题。

感染性疾病多以发病急、传染快、病情重、群体发病为特点，由于病菌病毒随着环境改变而进化变异并不断引起新的感染性疾病，致使已有的药物和疫苗经常不能发挥有效的防治作用。相比而言，中医药在防治感染性疾病中具有独特优势。中医辨证理论能诊断出即时发生的疾病证候，提出相应的治疗方法。中医学早在2000年前已有防治疾病的理论和药物记载。新中国成立后，中医药在流脑、病毒性肝炎等感染性疾病防治中起到了很大作用，已成为我国公共卫生防疫体系中的一大特色。近年来对中医药治疗某些病毒性疾病的现代研究，也有力地证实了它的有效性。

作者到社区调研医疗卫生情况

基于以上认识，我在《加强中医药研究，充分发挥中医药在感染性疾病防治中的作用》的提案中提出以下建议：一、国家应制定中医药防治感染性疾病专项研究计划和项目，扩大研究疾病的种类，既重视研究突出的传染性疾病，又注意常见感染性疾病的研究。二、重视传统中医药理论基础和临床研究，探索中医药防治感染性疾病的规律，提供有效的防治方案；注重用现代科学技术对中医药进行创新性研究，进一步提高中医药防治感染性疾病的疗效，研制高效安全药物。三、突出中医药防治感染性疾病的地域特点和优势，在高发区建立中医药防治感染性疾病研究基地，加快中医药防治地域性感染性疾病的研究。四、加强中医药教育事业，设立中医药防治感染疾病学科和专业，加快中医药防治感染性疾病的人才培养，为中医药防治感染性疾病的科研、医疗、产业提供有力的高素质人才保证。

国家中医药管理局收到提案后，进行了认真研究，并及时给予了答复。他们表示，我国在中医药防治感染性疾病方面，经验丰富，具有独特优势。在抗击"非典"疫情的斗争中，中医药进一步显示了它的不可否认的疗效，受到了广泛的关注和世界卫生组织的认可。面对不断出现的疫情和感染性疾病的危害，必须进一步发挥中医药在感染性疾病防治中的作用。一方面要将中医药防治传染性疾病的研究放在极其重要的位置，在科技公关计划、"863"计划中，支持中医药针对艾滋病、肝炎、肺结核等感染性疾病的防治研究。在部署我国艾滋病防治科技工作中，将中医药防治艾滋病研究作为一项重点工作，拟在河南等高发地区建立若干研究基地；另一方面在促进中医药重大科技专项的立项工作中，将全面考虑中医药基础、临床研究等各项工作，尤其要重点加强中医药防治传染性疾病的系统研究。在国家传染性疾病预防控制体系工作中，国家中医药管理局与有关部门协商，努力在全国范围内建立几个中西医结合的临床、研究基地。同时国家中医药管理局在设立中医药防治感染性疾病的学科和专业建设、加强中医药对防治感染性疾病研究等方面，也制定了明确的措施和详细的计划。

时隔不久，该提案作为优秀提案被选入全国政协提案委员会编的《把握人民的意愿》一书中。2008年11月21日，十届全国政协优秀提案表彰会在全国政协礼堂隆重举行，从十届全国政协期间审查立案的四万多件提案中遴选出的262件优秀提案受到表彰，该提案位列其中。作为优秀提案者，我受到了贾庆林主席的亲切接见，多家中央新闻媒体和我省主流媒体对我进行了专访，新华社、中央人民广播电台、中

作者在药厂调研

央电视台、《人民日报》、《光明日报》、《人民政协报》、《中国中医药报》、《河南日报》、河南人民广播电台、河南电视台、《大河报》等多家媒体和国内的著名网站播发、播报、刊登、转载了我的提案和发言摘要。

台湾民主自治同盟简介

台湾民主自治同盟（简称台盟），是由生活在祖国大陆的台湾省人士组成的政治联盟，是接受中国共产党领导，同中国共产党通力合作的亲密友党，是致力于中国特色社会主义事业的参政党。

台盟是在台湾人民1947年"二·二八"起义后，由一部分从事爱国主义运动的台湾省人士，在中国共产党的帮助下于1947年11月12日在香港正式成立的。

自成立以来，台盟始终拥护和坚持中国共产党的领导，广泛动员全体成员和所联系的台湾同胞，积极投身中国革命、建设、改革事业，同中国共产党亲密合作、团结奋斗，为统一战线和我国社会主义多党合作事业发展作出了重要贡献。

至2008年年底，台盟各级组织分布在16个省（直辖市），共有盟员2350人。省级委员会13个，在一些省、市和直辖市的区设有委员会、工作委员会和总支部、支部、小组等基层组织。

台盟历任主席为谢雪红、蔡啸、苏子蘅、蔡子民、张克辉。现任主席为林文漪。

把快乐童趣还给孩子

台盟中央

长期以来,家有幼儿的盟员都被孩子在幼儿园学习辛苦、压力大的问题深深困扰。大家不明白,为什么自己的孩子感觉在幼儿园作业太多、不好玩,为什么自己的孩子现在在幼儿时期就失去了快乐童趣?大家疑惑不解的目光投向了我们在幼儿园工作的一位盟员,但她也是一脸的无奈。她告诉我们,现在的幼儿教育已呈现小学化倾向,但这种现象目前在各个幼儿园普遍存在。那么,什么是幼儿教育小学化倾向?为什么会出现这种现象?它有那些利弊呢?带着这些疑问,台盟陕西省委领导决定发挥盟员优势,展开调研,争取把快乐童趣还给孩子们。

2004年11月10日,盟省委组织部分盟员召开专题研讨会,就幼儿园基本定位以及教育现状、幼儿教育小学化倾向的表现危害以及出现的原因等进行研讨。通过从事幼儿教育盟员的介绍,我们了解到:国家教育部颁发的《幼儿园教育指导纲要(试行)》规定,幼儿园的教育内容是全面的、启蒙性的,可以相对划分为健康、语言、社会、科学、艺术等五个领域。其中科学要求"引导幼儿对周围环境中的数、量、形、时间和空间等现象产生兴趣，建构初步的'数'概念，并学习用简单的数学方法解决生活和游戏中某些简单的问题。幼儿的科学教育是科学启蒙教育，重在激发幼儿的认识兴趣和探究欲望。要尽量创造条件让幼儿实际参加探究活动，使他们感受科学探究的过程和方法，体验发现的乐趣。科学教育应密切联系幼儿的实际生活进行，利用身边的事物和现象作为科学探究的对象"。但由于很多家长望子成龙，认为不能让"孩子输在起跑线上"，纷纷要求幼儿园在大班里教拼音，学习10以内甚至20以内的加减法。在这种错误倾向的作用下，有些幼儿园为了提高经济效益，纷纷办起了学前班，有的甚至在学前班使用了小学教材，幼儿潜力的早期开发被异化为剥夺幼儿游戏权利的技能训练，幼儿的入学准备被异化为小学化的识字、拼音的灌输。这种幼儿园提前对幼儿进行小学教育的"小学化倾向"，完全违背了幼儿身心发育的年龄特征，违背了幼儿教育的规律和宗旨。

为了使调研工作收到实效，11月18日盟省委根据盟员的工作性质和情况，选择西安宇航幼儿园（园长是我盟盟员）进行调研。

西安宇航幼儿园是航天四院所属企业的幼儿园，有教辅人员67人（其中教师34人，保育员17人），负责17个班、500多名幼儿的保教工作，是市一级幼儿园。教师中除一人为陕西师范大学学前教育专业本科毕业外，其余都是幼儿师范学校中专或在幼儿师范学校中专进修毕业人员。招收的幼儿主要是四院职工的孩子（约占95%）。从我们所了解的情况看，宇航幼儿园在西安市东郊是一个规模比较大的，且软、硬件设施条件相对比较好的幼儿园。

通过座谈，我们了解到，宇航幼儿园过去基本是按照幼儿教育教学大纲执行的。但随着企业幼儿园的社会化，幼儿园在与企业逐渐剥离的过程中，自负盈亏，保教费入不敷出，特别是目前兴起的民办幼儿园投入低，收费低，并且把小学一年级的课程引入幼儿园，与公办幼儿园争夺生源，迫使该园在激烈的竞争中为求生存，不得不投家长之所好，违背了教育纲要，不顾幼儿的接受能力而开设一些不该开设的课程，走幼儿教育小学化的道路。听了教师们的发言，我们感觉到，根子好像在家长身上。这时幼儿园的老师把我们提前发放的调查问卷汇总分发到我们面前，看到汇总的问卷结果，我们恍然大悟。

　　这次宇航幼儿园联合东郊其他几所企、事业幼儿园一共下发了430份调查问卷，回收率100%。幼儿教育小学化的具体表现主要在两个方面：其一是在行为规范方面，要求幼儿像小学生一样遵规守纪，少动少玩。幼儿园将小学对学生的行为规范要求搬到幼儿园来，往幼儿头上套。比如上课要专心听讲，思想不许开小差，不许玩小动作，不许说话，坐姿要端正，精神要集中，回答问题要举手；课间不许追逐打闹，不许跳跃奔跑，不许高声喊叫，要安静地休息或做游戏，做好上下一课的准备。其二是在学习知识方面，要求幼儿像小学生一样以学为主，刻苦学习。要求幼儿像小学生那样听课，像小学生那样学知识，像小学生那样做作业，且作业较多，幼儿园里做不完，回到家里还要做。此现象尤以大班孩子最为严重。关于幼儿教育小学化的危害，家长们倒是反映得不多。家长在填写幼儿教育小学化的原因时，大部分认为原因有这几个方面：一是幼儿园的责任，二是家长的责任，三是社会的责任，四是教育部门的责任，五是教材编写者的责任。首先，家长认为幼儿园办园宗旨不端正。幼儿园一味迎合家长望子成龙和社会拔苗助长的心理，开设一些本该幼儿到小学才去学的课程，向幼提出学习要求,以求幼儿拿出学习成绩来,满足家长的虚荣,提高本幼儿园的吸引力和竞争力。其次,幼儿园教材脱离幼儿实际。纵观我们的幼儿园教材,不管是书店发行的还是教育部门征订的,不管是统编的还是地方编写的,不管是权威性的还是"出身低微"的,大都在量方面偏大偏多,在度方面偏深偏难,严重脱离幼儿身心实际和认知能力实际。这样的教材,实际上就是幼儿教育小学化的"总指挥"。其三,教育部门对幼儿教育指导、监督力度不足。面对日益蔓延的幼儿教育小学化倾向,政府教育部门所起的作用微乎其微,或者是视而不见,或者是予以默许,总之不见教育部门对这种错误倾向予以制止和纠正。更有甚者,一些地方的教育部门还从活动组织、评奖、职称评定等方面不自觉地为幼儿教育小学化倾向推波助澜。其四,家长和社会对幼儿园的评价标准发生偏差。许多幼儿家长把上幼儿园混同于"上学",他们认为,上学自然要学知识,哪所幼儿园所学知识多,就把小孩送到哪所幼儿园去。他们以自己的小孩所学知识多作为炫耀的资本,津津乐道。社会舆论也普遍以所学知识多少作为评价幼儿园好差的标准,迫使幼儿园为了生存和发展而走上了幼儿教育小学化的道路。

那么,作为小学一年级的老师又是怎么看待幼、小衔接的问题呢?我们随后走访了宇航小学的语文老师。作为一年级教师,他们最有发言权。就拿拼音来说吧,他们直接接触这些"学过拼音的孩子",学过拼音是不是更有利于学习呢?老师们说,孩子在幼儿园学拼音一般有三个"等级":很好、了解一点、没学过。在幼儿园拼音学得很好的孩子,一般在班里表现得很积极,比其他孩子有一定的"优越感",学起来很快,也很轻松;而对拼音只是有一点了解的同学,比没学过的孩子接受得快一点;在幼儿园没有学过拼音的孩子,一开始学得会慢一点，但过一段时间后，就和其他孩子差不多了。但老师们也表示，如果孩子所上幼儿园教的拼音不正规，发音就会不准，这样矫正起来就会比较吃力。这是因为幼儿园即使开设拼音课，幼儿园之间的教育水平也不同。老师们认为，宇航幼儿园对教授拼音的老师有非常严格的要求，发音标准，从幼儿园毕业的孩子，小学老师教起拼音来就很轻松。可是跟前一些民办幼儿园为了应付家长，在孩子将毕业的五六月份才开始教拼音，只让孩子生生地认识拼音而已，干脆"满堂灌"，这种拔苗助长的做法，对孩子的学习是非常不利的，同时也为小学老师纠正拼音带来很大麻烦。

在对西安宇航幼儿园、宇航小学调研的同时，盟省委还就幼儿园的基本定位和教育现状，幼儿教育小学化倾向的危害以及出现的原因，教师、家长对幼儿教育小学化问题的认知，如何改变当前的幼儿园教育状况，幼儿园教学该如何进行，幼、小衔接该如何做的 6 个问题，制作成调查问卷，提前下发到所联系幼儿园，以便幼儿园的教师和家长们能够进行充分思考，为深入调研打下了良好的基础。

同时，盟省委还将上述 6 个问题的调查问卷下发到西安市其他一些幼儿园，作进一步更加深入细致的调研。

通过走访调研，并与老师们沟通和交流，我们对西安市部分幼儿园幼儿教育小学化倾向严重的问题有了一定的了解，对解决和纠正这种倾向的措施提出了初步建议，形成了《关于西安市幼儿教育小学化倾向的调查》报告，并向省政协九届三次会议提交了《关于防止幼儿教育小学化倾向的建议》的提案，同时报送台盟中央。2005 年 3 月盟中央在全国政协十届三次会议上提出了《防止幼儿教育小学化》的提案。我们的目的只有一个，那就是还给孩子一个天真快乐的童年。

范钦臣

简 历

范钦臣，汉族，出生于1941年6月，河南巩义人。1960年4月加入中国共产党。1966年9月毕业于武汉钢铁学院化工系，历任河南省焦作市耐火材料一厂技术员、副科长、工程师，焦作市革委会副主任、副市长，中共焦作市委副书记、市长，市委书记，河南省副省长，中共河南省委常委、副省长、党组副书记、省委副书记、省委常务副书记兼河南省委党校校长，河南省政协第八届委员会副主席、党组副书记、河南省政协第九届委员会主席、党组书记。第七、八届全国人大代表，第十四、十五届中共中央候补委员，第十、十一届全国政协委员、全国政协文史和学习委员会副主任。

情系中部地区崛起

范钦臣

2005年全国"两会"期间,我和中部地区43名全国政协委员共同向政协会议提交了《关于促进中部地区崛起、实现区域经济协调发展的提案》。全国政协提案委员会对这个联名提案高度重视,专门举办了提案办理座谈会。"中部崛起"一时成了两会的"热门话题",在国内产生了强烈的社会反响。

转眼间5年多过去了,作为联名提案的发起人,每当回忆起这件不平凡的往事,我都心潮起伏,激动之情、欣慰之意油然而生,溢于言表。

我是一个土生土长的河南人,祖祖辈辈都居住在中部地区这块古老、广袤而美丽的土地上。我对家乡十分热爱,也十分关心家乡的经济发展与社会进步。中部地区地处祖国内陆腹地,包括山西、安徽、江西、河南、湖北、湖南六省,有3.6亿多人,占全国总人口的28%。

历史上，这里作为全国的政治、经济、文化中心，曾创造了彪炳史册的华夏文明。进入近代，这里作为中国革命的摇篮之一，曾为新中国的诞生建立了不朽功勋。新中国成立后，这里作为全国重要的粮食主产区、国家综合运输网络的中心区域和重要的能源、原材料基地，曾为全国农产品供应、工业体系的建立和经济发展做出过重大贡献。但近些年来受结构性、体制性等深层次矛盾的制约和政策边缘化的影响，中部地区在全国经济发展格局中越来越呈现出发展水平低于东部、发展速度慢于西部的"塌陷"态势。这种状况不仅将严重制约中部地区的经济社会发展，而且也会对整个国民经济发展和社会进步产生消极影响。

作者到工厂生产车间参观调研

家乡发展遇到的严峻挑战令我担忧,家乡发展快慢牵动着我的心。我经常想,家乡的土地养育了我,党培养了我,作为一名党的高级干部,作为一名全国政协委员,自己能为家乡做些什么?恰在这时机会来了。2004年下半年,党的十六届四中全会召开,首次明确提出要"统筹区域发展,促进中部地区崛起"。全会还对国家"十一五"规划的制定提出了设想与建议。我认为对中部地区来说,这无疑是一个重大的发展机遇和备受鼓舞的好消息。我想抓住这个机遇,联系中部六省有影响力的全国政协委员,共同搞一个提案,把中部六省的诉求和政策建议写出来,让国家制定"十一五"规划时能更多地采纳我们的意见和建议。我还想到每年"两会"期间,全国政协都要举办一两次提案办理座谈会,对重点提案进行重点办理。如果能经全国政协同意,为我们的联名提案举办一次提案办理座谈会,提案所产生的社会效果会更好。

从2004年10月开始,我着手起草这个提案。先后主持召开了省政协主席会,省直有关部门负责人座谈会,省内各民主党派、工商联、省政协各专委会负责人研讨会,18个省辖市政协主席座谈会。带队到省内部分市县和重点企业进行了调查研究。我还对中央关于西部大开发、振兴东北老工业基地的扶持政策进行了深入研究。在多方收集情况、广泛征求意见的基础上,我字斟句酌,形成了《关于促进中部地区崛起、实现区域经济协调发展的提案》。

提案草稿形成后,我通过六省政协办公厅分别征求有关委员的意见,他们看后都表示赞同。山西省政协主席刘泽民、安徽省政协主席方兆祥、江西省政协主席钟起煌、湖北省政协主席吴锦文、湖南省政协主席胡彪、全国著名水稻专家袁隆平等43名全国政协委员都在提案征求意见稿上郑重地签下了自己的名字，并提出了一些很好的修改意见。

2005年1月18日，受中部地区其他五省政协的委托，河南省政协常务副主席张洪华赴全国政协就43人联名提案及举办提案现场办理座谈会等问题向张思卿副主席作了专题汇报。张副主席当场表态："这是一件大好事，我完全支持。我将安排全国政协办公厅和提案办的同志，尽可能地支持你们。如果时间不冲突，我愿意参加你们的有关会议和活动。"

2月21日，我委派河南省政协副秘书长关少锋、提案委员会副主任房德仁等4人再次赴京，送交43人联名提案，会商能否举办提案办理座谈会问题。此前，我还给全国政协提案委主任傅杰、副主任傅志煌、范宝俊等同志打了电话，得到了他们的支持。全国政协提案办的吴新国、张怡、王普庆等同志热情接待了关少锋一行。

作者深入生产一线调研

2月底，我们接到了全国政协提案委的正式通知，"两会"期间将邀请国家有关部委现场办理我们的提案。

2005年3月6日下午，全国政协第九会议室群贤毕至，热闹非凡，"促进中部地区崛起提案办理座谈会"在这里举行。60多名全国政协委员、100余名记者和工作人员参加了会议，全国政协副主席张思卿、罗豪才亲临会议指导。因到会人员大大超过预定人数，第九会议室被挤得水泄不通，许多人只能站在门外和走廊里。座谈会上，提案委主任傅杰首先发言，他以43名全国政协委员的联名提案为蓝本，扼要介绍了关于促进中部地区崛起提案的主要观点。

我代表43名委员作了简要发言，提出了将促进中部崛起作为重要内容纳入国家"十一五"规划等8条建议，并强调说，中部地区在全国经济社会发展中占有十分重要的位置。拥有区位优势、人力资源优势和工业基础、科技实力比较优势的中部地区，应该在我国全面建设小康社会的伟大进程中做出更大的贡献，而不应该拖全国的后腿。从长远来看，今后一个时期我国经济社会发展所面临的粮食、交通、能源、原材料等"瓶颈"制约，在很大程度上仍然需要通过中部地区的发展来解决。中部地区又是一个巨大的市场，而且承东启西、连南贯北，吸引四面，辐射八方，对全国市场乃至全球市场具有高度的可达性。加快中部地区发展，有利于扩大内需，开拓市场，增加我国在国际合作与竞争中的回旋余地，更好地应对经济全球化的挑战。

我发言后，河南省政协副主席张涛、安徽省政协主席方兆祥等也先后发言，从不同角度阐述了中部地区的观点与诉求。国家发改委、财政部、民政部、中编办等10个提案承办单位的负责同志认真听取并现场答复了提案人的意见。提案方与提案承办方双向互动交流，现场气氛十分热烈。

中央和中部六省数十家新闻单位对这个联名提案作了深度报道，对提案办理座谈会进行了转播或多角度宣传。随即"中部崛起"成为举国上下议论的"热点"。"两会"期间，全国人大代表和政协委员无论是在代表团会议上，还是在小组讨论中，都把中部崛起当作重要的话题，对此进行了热烈的讨论。《经济视点报》记者评论说："与上世纪90年代东部沿海地区对外开放、5年前的西部大开发、2年前的振兴东北老工业基地一样，中部崛起已成为2005年度的热门话题。"联名提案与提案办理座谈会对于扩大中部影响、放大中部声音起到了积极而重要的推动作用。

为了进一步做好建言献策工作，全国"两会"后六省政协统一行动，动员省内各民主党派、工商联、省直有关部门、各市县政协，广泛开展了促进中部地区崛起大型联合研讨活动，上万名各级政协委员参加了调研。在此基础上，六省政协负责同志齐聚郑州，协商通过了《六省政协关于促进中部崛起的若干建议》。《建议》共有30条，是对43人联名提案的细化和深化。

《联名提案》和《若干建议》通过全国政协报送党中央、国务院后，引起了高度重视。2005年下半年，《中共中央、国务院关于促进中部地区崛起的若干意见》正式颁布。2006年春，国家"十一五"发展规划公布实施。2009年9月，国务院常务会议讨论并原则通过了《促进中部地区崛起规划》。这三个重要文献都采纳了我们的许多观点和建议。

担任全国政协委员8年多来，我向中央和省一共提交了30多份提案，其中43人联名提案是一件下功夫最大、最有分量的提案，也是我记忆深处最难忘记的一份提案。我认为，政协提案是具有中国特色的民主形式，在我国社会主义民主进程中发挥着特殊而重要的作用，政协委员用提案这种方式参政议政最直接最有效。我将时刻牢记责任，更加关注基层，更加关注群众，更加注重调研思考，积极履职尽责，多提有价值的提案，为政协委员履职工作再上新水平贡献自己的绵薄之力。

刘 枫

简 历

刘枫,生于1937年,河北人。1961年毕业于中国人民大学新闻系。历任青海人民广播电台编辑、《青海通讯》编辑,中共青海省委第一书记政治秘书、省委办公厅副主任、省委研究室副主任、省委书记助理、青海省委副书记兼西宁市委书记、市长、青海省委常务副书记、青海省政协主席,浙江省委副书记、浙江省政协主席。第十届全国政协文史和学习委员会副主任。全国政协第九、十届委员。现任中国国际茶文化研究会名誉会长。

让运河文化重绽光彩

刘 枫

文化是一个国家或民族的根脉与灵魂。李瑞环同志曾经指出:"中国是一个文化遗产很丰富的国家,这既使我们引为自豪,也使我们感到责任重大。对待这些文化遗产,处理得好,会成为培育民族精神的珍贵养料;处理得不好,也会成为阻碍前进的沉重包袱。"对此,我深有感触。近年来全国政协文史和学习委员会将为历史文化遗产保护建言献策作为履行职能的重要课题。十届政协三次会议期间,我们58名委员联名提交了《应高度重视京杭大运河的保护和启动"申遗"工作的提案》,由此掀起了大运河保护与"申遗"工作的热潮。

结缘运河

举世闻名的京杭大运河,是世界上开凿最早、里程最长、持续利用时间最久的运河,北起首都北京,南至浙江杭州,沟通海河、黄河、淮河、长江、钱塘江五大水系,蜿蜒流淌1794公里,成为贯通神州大地南北的大动脉,"至今千里赖通波",谱写了一部雄浑壮丽的民族史诗。

京杭大运河极大地促进了运河区域乃至全国的经济社会发展。特别是随着运河沿岸商品经济的繁荣,兴起了一批工商兴旺、商客云集、交易繁盛的运河城市,成为经济重镇。京杭大运河不仅作为水上航运通道承担了繁忙的运输任务,而且还发挥着防洪、灌溉、供水、旅游等多种综合效益,给运河两岸人民带来福祉,同时还产生了博大精深、灿烂辉煌的运河文化,汇集了政治、经济、科技、军事、文化等诸多领域的庞大信息。对于祖先留给我们的这份珍贵物质和精神遗产,我们没有理由不把它保护好、利用好、发展好。

但是,随着经济的发展和社会的变迁,大运河的传统运输功能逐步衰弱,大运河文化遗产的真实性和完整性日益遭到破坏。如果不采取有效措施加大保护力度,大运河的历史遗存、风光景物、自然生态就会破坏殆尽,这将是中华民族不可挽回的巨大损失。

我生活和工作在杭州。杭州是京杭大运河的南端起点,运河是哺育杭州成长的"母亲河"、维系城市兴衰的"生命河"。杭州因河而生、由河而兴,大运河水系犹如丝丝血脉,滋润着杭州这座城市,成就了"钱塘自古繁华"的千古绝唱。当地人民群众对大运河怀有深厚的感情。早在2001年5月11日,我在杭州市调研时就提出:"杭州不仅要进一步丰富和发展西湖文化,使这个亮点更亮,而且要拓宽思路,重视运河文化的建设,使其尽快成为杭州新的文化亮点,新的文化知名品牌。"2002年初杭州市第九次党代会就作出了实施运河(杭州段)综合整治与保护开发工程的决策和部署,专门成立了运河综合整治与保护开发指挥部,进行小河直街等改造工程,同时兴建京杭大运河博物馆。杭州还是大运河文化节的发起城市，2002年举办了首届京杭大运河文化节。

酝酿选题

2005年是我国加入联合国教科文组织《保护世界文化和自然遗产公约》20周年。1985年六届全国政协委员侯仁之、阳含熙、郑孝燮、罗哲文联名提案，呼吁中国加入该《公约》。提案提交之后，得到了国家的高度重视。全国人大常委会于当年12月批准中国加入《公约》。2005年12月22日，全国政协文史和学习委员会联合有关部委共同举办"中国保护世界遗产走过20年"纪念座谈会，邀请当年四位提案人（侯仁之先生由长子代表）、文博界著名专家学者和部分遗产单位负责同志参加。会上罗老提到，大运河与长城一样是我国古代创造的伟大工程，历史文化价值相当高，物质文化遗产、非物质文化遗产都非常丰富。长城早在1987年就被列入世界遗产名录，而大运河因种种原因，一直与世界遗产无缘。为了促进大运河的"申遗"工作，一周前他和郑孝燮先生以及来自杭州的工艺美术大师朱炳仁联名给运河沿线城市市长写了一封信，呼吁加快大运河在申报物质文化和非物质文化两大遗产领域的工作进程。罗老怀着深深的政协情结提出，全国政协在推动文化遗产保护方面做了大量工作，希望文史和学习委员会在推动大运河"申遗"方面再做些工作。

在这之后，文史和学习委员会主任会议把"运河沿岸的历史遗迹保护"等三个选题，作为2006年委员会的调研题目。1月初，在文史和学习委员会全体会议上，委员们对大运河这一选题产生了浓厚兴趣，许多委员当下就表示要参加考察。经过大家热烈讨论，大运河保护与"申遗"专题调研被列入本委员会2006年工作计划。

精心策划

回杭后，我将文史和学习委员会的调研计划向杭州市的有关同志作了介绍，引起市委、市政府、市政协的高度重视。

2006年"两会"前夕的2月27日，文史和学习委员会在全国政协礼堂召集小型座谈会，由我出面邀请杭州市政协主席虞荣仁、副主席俞国庆，杭州市政府副秘书长、运河综合整治与保护开发指挥部总指挥陈述，工艺美术大师朱炳仁等，商谈京杭大运河考察调研活动安排事项。大家谈到，大运河保护与"申遗"是一项系统工程，涉及到京杭运河沿线20个城市，以及文物、建设、水利、交通、环保等多个部门，需要各个城市、各个部门统一认识、形成合力，才能真正做好大运河的保护工作，才能取得"申遗"成功。人民政协要发挥自身的优势，深入调研，大造声势，唤起全社会对大运河保护与申遗的关注和支持。《人民日报》主任记者齐欣转达罗老的建议，请文史和学习委员会提一个关于大运河保护和"申遗"的提案，以引起有关方面的重视和关注。杭州的同志希望考察调研活动结束后在杭州举办高层论坛。最后商定，由我牵头起草提案，在"两会"期间提交；5月中旬组织考察活动，邀请一位全国政协副主席任团长，文史和学习委员会委员以及相关领域的专家、运河沿线省级政协文史委员会负责人参加；5月22日在杭州举行研讨会，邀请一位全国政协副主席出席并讲话，考察团成员和有关部委负责同志、运河沿线城市市长参加，由文史和学习委员会主办，杭州市承办。

提案先行

座谈会之后，文史和学习委员会办公室的同志在紧张的大会会务工作当中起草了《应高度重视京杭大运河的保护和启动"申遗"工作的提案》。3月5日，提案初稿送给了我，内容和文字都还不错，我作了一点文字修改就定稿了。3月6日委员会办公室的同志带上提案兵分两路征求委员签名，一路到本委员会委员较多的社科界和文艺界驻地——华润饭店，一路到新闻出版界驻地——中协宾馆和省、市政协主席集中的中共和特邀界驻地——友谊宾馆。我所在的中共组集中了京杭大运河沿线的省政协主席，有几位我还很熟悉。当办公室同志请各位主席签名时，大家都深感政协搞这个题目，对推动运河的保护和沿线经济发展意义重大。当天恰逢小组讨论，当办公室的同志找到本委员会委员签名时，其他委员也对大运河"申遗"表现出极大的热情，纷纷要求签名。短短半天，签名的委员达58位，其中有大运河沿线省、直辖市政协的现任主席及原主席，有国家文物局前后两任局长，还有社科界、文艺界的名人。3月10日新华社发出消息《京杭大运河堪比长城，委员呼吁"抢救性保护"》。

通过各种媒体的传播，关于大运河保护与"申遗"的提案在社会上特别是运河城市引起了强烈的反响。3月17日至22日，受我们委员会的委托，郑老、罗老和朱炳仁同志先期到杭州和扬州调研。两市市委书记王国平和季建业先后会见了他们，一起畅谈大运河保护与"申遗"大计。

"两会"之后,我回到杭州,王国平同志陪同我乘船考察了京杭运河杭州段,杭州运河综合整治与保护指挥部的负责同志又专题向我汇报了一期工程进展情况。

运河之旅

2006年5月12日,经过两个多月的精心筹划和准备,京杭大运河保护与"申遗"活动启动仪式在首都博物馆中央大厅举行。中共中央政治局委员、北京市委书记刘淇,全国政协副主席陈奎元,建设部、交通部、水利部、文化部、国家文物局、中国联合国教科文组织全国委员会、北京市政协的负责同志,以及大运河保护与"申遗"考察团全体成员出席。刘淇同志、陈奎元同志发表了热情洋溢的讲话,并为京杭大运河保护与"申遗"纪念标揭幕。

冒着霏霏细雨,陈奎元副主席率领考察团一行68人踏上京杭大运河考察之旅。在这支队伍中,有历史、文物、非物质文化遗产、水利、城建等领域的专家,还有热心文化遗产保护工作的政协委员。特别值得提起的是文物专家谢辰生、罗哲文和水利史专家陈桥驿,他们都已80多岁高龄,不顾旅途劳顿,即使河堤坡陡、道路泥泞,仍然深入实地,寻根问底。

我还了解到,已届九十高龄的郑孝燮先生本是考察团成员,活动启动前一天下午,郑老在家中接受记者采访,由于兴奋和劳累,采访结束后不久即感到身体不适,被紧急送往医院。在重症监护室抢救了一夜,耄耋之年的郑老醒过来的心愿竟是"希望能和大家在天津会合"!

刘枫
让运河文化重绽光彩

2006年5月，作者（前右二）陪同全国政协副主席陈奎元（中）在大运河天津段考察。

董必武同志的女儿董良翚委员，在通州考察时因雨天路滑不慎扭伤了脚腕，行至天津伤情十分厉害，但她坚持要走完全程，并几次谢绝当地陪同人员要她坐轮椅的好意。后半程脚伤好转多了，董委员就借助一支"留作纪念"的拐杖，行走在考察队伍当中，被人称之为更像是"董老"。

一路走来，还有许多感人的事情。考察团成员看到济宁以北运河断流，北方群众企盼运河通航，十分想了解南水北调工程与运河的关系。行程后期赶到嘉兴，吃过晚饭已近晚9点，考察团请水利部南水北调工程原副总工程师韩亦方介绍东线工程规划情况。会议室内热气腾腾，讲解者一丝不苟，听讲者聚精会神，不时有人提出问题，韩总工一一耐心解答。

考察团历经 10 天、行程 2500 多公里，对 6 省（直辖市）18 个城市、30 余个县区的各个运河河段进行了考察，获取了丰富的感性认识，掌握了大量的第一手资料。考察团所到之处，得到了当地党政领导及人民群众的热情欢迎。中共中央政治局委员、天津市委书记张立昌，浙江省委书记习近平、省长吕祖善，天津、山东、江苏、浙江等省政协主席出面会见考察团全体同志。各个运河城市的市委书记、市长也都陪同考察，介绍情况。扬州市委书记季建业对于考察团到扬州考察运河，心情很激动、很兴奋，以至把自己介绍成为副书记，使得会场气氛更加活跃、轻松。

考察团有 14 位随团记者，分别来自中央和杭州的新闻单位。他们白天参加考察、采访，晚上还要忙着发稿。行程安排很紧，记者的工作更显得紧张。第一站在北京朝阳门的南新仓，这边中央电视台的记者还在采访市文物局局长，那边考察团的车队已经出发直奔通州了。时值初夏，南方气温闷热，晚上吃过晚饭，记者们回到房间，男记者便赤膊上阵，敲电脑，发稿。在 10 多天的时间里，人民网、《人民政协报》、杭州电视台、《钱江晚报》等媒体天天有来自考察团的消息。

聚首杭州

5 月 22 日，京杭大运河保护与"申遗"研讨会在杭州隆重召开。考察团成员、有关部委负责同志、6 个省（直辖市）的政协分管副主席、18 个城市的市长或分管副市长和政协主席等近 200 人出席。陈奎元副主席在致辞时指出，运河沿岸城市为大运河遗产保护做了大量工作，在发掘运河文化遗产内涵方面创造了新鲜经验。大运河"申遗"

工作任重道远，应从国家战略的高度，切实把积极申报世界文化遗产的过程变成加强大运河保护与管理的过程，推动大运河遗产的整体保护和可持续发展。

　　杭州市市委书记王国平、天津市政协副主席王家瑜、扬州市市长王燕文、淮安市市长樊金龙等18个城市的领导同志介绍了各自城市运河段的现状和保护工作的情况。苏州市没有提交发言稿，会议也就没有安排发言。但前来参会的苏州市政协主席冯瑞渡被会场气氛感染，找到会务组要求安排苏州发言。镇江市副市长王萍在发言中讲到，"申遗"的目的是更好地保护大运河这一文化遗产，只有我们扎扎实实地把大运河保护好了，"申遗"的道路自然也就平坦了。她的观点成为与会者的共识。

　　专家们从各自研究领域的角度，结合考察中的感受，阐述了如何做好大运河保护与"申遗"工作。既是全国政协委员又是国家文物局局长的单霁翔同志，对这次活动给予了全力的支持。在5月11日的组团会上，他亲自作了情况介绍。杭州的三天研讨会，他带病参加了全部活动，并在闭幕会上代表国家文物局作了重要发言。两院院士吴良镛、周干峙因另有安排，没有参加运河全程考察，专门来杭参加研讨会。他们的发言言简意赅，充分肯定了大运河的历史作用，结合我国经济建设面临的新形势，站在全局的高度对大运河"申遗"提出了具体建议。

　　会议期间，大家考察了杭州段运河，对大运河保护和发展有了更深刻的认识。认识，感受，思考，汇集起来，达成共识，就有了会议的重要成果和收获——《京杭大运河保护与"申遗"杭州宣言》。

全国政协十届五次会议集体采访现场，左起李仁臣、作者、单霁翔、舒乙、刘庆柱。

再掀热潮

2007年3月的政协会议，是十届全国政协举行的最后一次全体会议。在这次会议上，有关大运河保护与"申遗"的议题成为委员和媒体关注的热点。

会议期间，文史和学习委员会办公室和全国政协办公厅新闻局向全体政协委员赠送了《京杭大运河2006》一书，该书全景式地记录了大运河保护与"申遗"活动在2006年所走过的道路。在全国政协领导的高度重视下，3月11日上午我代表文史和学习委员会作了《高度重视京杭大运河保护和"申遗"工作》的大会发言，指出："长城是凝固的历史，运河是流动的文化。在长城已成为世界文化遗产并得到初步有效保护的今天,我们要加倍重视京杭大运河的保护和'申遗'工作。京杭大运河不仅是一条积淀丰厚的文化遗产长廊,更是一条活着的、流动的、发展的文化经济黄金通道。切实保护好京杭大运河,不仅具有丰硕的历史文化价值,而且具有巨大的经济社会价值。"国务委员陈至立同志当场作出批示:"关于京杭大运河保护和"申遗"的建议值得高度重视。请作分析,将现在就能做的工作先做起来,对长远的、涉及面广的问题可在深入研究论证后逐项解决。"3月11日下午,"两会"新闻组专门安排了一场"京杭大运河保护与'申遗'"中外记者集体采访。会场作了精心布置,介绍考察团活动的展板并排摆放在进门处,《古运回望图》百米长卷展开平放在长条桌上,京杭大运河地图矗立在大红会标旁边,电视屏幕播放着全国政协考察大运河的纪录片。大会新闻组组长、文史和学习委员会副主任李仁臣宣布采访开始后,单霁翔委员首先介绍了大运河"申遗"的背景,接着由我介绍了全国政协参与大运河保护与"申遗"活动的情况。随后记者踊跃提问,我、单霁翔、舒乙、刘庆柱轮番答问,现场气氛活跃、热烈。我还清楚地记得,集体采访是在人民大会堂河北厅举行的,很巧的是,悬挂"京杭大运河保护与'申遗'"集体采访会标的背后,是一幅描绘金山岭长城的巨幅油画。我当时就想,万里长城和京杭大运河两项伟大工程,是中华民族悠久历史和灿烂文化的象征和缩影,要像保护长城那样保护好大运河,这是我们这代人义不容辞的责任。当天晚上,陈奎元副主席还会见了运河沿线八省(直辖市)政协主席,商谈进一步推动大运河保护与"申遗"的工作。

今天,在社会各方面的努力下,大运河的保护与"申遗"工作取得了可喜的进展。我作为一名老政协委员感到十分欣慰。

巫致中

简 历

巫致中，出生于1940年11月，河北山海关人，1963年毕业于南开大学，一直从事航天器测量与控制总体科技工作。中国西安卫星测控中心副军职副总工程师、少将军衔，到行政任职年龄之后改文职，晋升至文职一级（相当中将）、技术二级（相当大军区正职）。国家有突出贡献专家，享受国务院颁发的政府特殊津贴。二级英模和一等功荣立者、全军英模、全国先进工作者。荣获国家科技进步二等奖一项，军队科技进步一、二等奖多项。第七届全国人大代表、主席团成员，第八、九、十届全国政协委员。

海洋问题是国家战略问题

巫致中

我曾经是第七届全国人大代表兼主席团成员,也是第八、九、十届全国政协委员,社会责任感使我倍加关注海洋方面的问题。从全国政协十届三次会议开始,在小组发言、写提案、呈送大会书面发言稿时,我曾多次提到开发利用海洋的问题。其中《拯救渤海要刻不容缓》与《创新海洋科技建设海洋强国》的提案和书面发言材料,很能代表我的意见和建议,也受到国家海洋局的重视,《海洋日报》和《经济日报》都予以发表,我也接受过记者的专访,进行了深入的交谈,至今在网上还可以查到上述的文字材料。其实,我的这些关于海洋战略的意见和建议,都源于我的海洋情结和海洋战略意识,也源于我的强烈的社会责任感。

我的家乡是明长城入海处的山海关老龙头东边的一个半农半渔的小村庄。可以说,我是出生在海边,在海边长大的。儿时我与小伙伴们经常去海边戏耍,在海岸捉沙滩蟹、挖沙虫,它们是洁净海岸有代表性的近海生物,沙滩稍有污染,它们就无法生存而绝迹。有时我们乘小渔船在近海垂钓、捞海蜇。遇到农历初一和十五落大潮时,我们可以看到海水渐渐退下有两三华里之遥。清晨，我们看日出、迎朝阳，步入无浪的海中，在齐腰深的水中捉蟹，在岩石上挖牡蛎，拣拾海洋生物，那时海水洁净得清澈见底。如今，海洋遭到污染，这些近海生物已经绝迹，海水浑浊得再也见不到海底，儿时戏海弄潮的情趣难以再现，只能留在记忆中。我从儿时起就恋海，对海洋有深厚的感情。

参加工作后，时遇"我们也要搞人造卫星"的时代。从我国组建卫星地面测控系统开始，一直到我退休，我从事的是航天器测量与控制的总体科技工作。随着航天事业的发展，当我国的海洋卫星立项后，我曾担任海洋卫星测控系统的总师。在此期间，为了胜任总师的工作，我更多更广泛地接触了与海洋有关的资料，也对国内外开发利用海洋战略、发展海洋经济、海洋科技发展的现状等诸多方面有了一定的了解，受益匪浅。

在当全国政协委员的十五年中，我又多次参加了全国政协科教文卫体委员会组织的有关涉海问题的视察或专题调研，视察过海洋的环境与防污洗污，视察过一些海岛，对海洋经济进行过专题调研。我还结合本职工作和参加相关的学术活动，多方面地了解海洋。近些年来我从鸭绿江入海口到北部湾的涠洲岛，走遍了我国的海岸线和滨海省市及一些岛屿，还见到了西沙和南海的岛礁。

综合上述这些视察、调研、见闻与查阅有关的资料，我认为我国海洋经济的发展，尤其在改革开放以后，取得的成绩是巨大的，举世瞩目；海洋经济在全国国内生产总值中占的份额逐年提高，将来还会更高；我国的海洋运输业发展很快，而且对我国的经济发展起着重要的作用；我国的对外贸易、进口的石油、铁矿砂等，主要依靠海上的通道；我国在海洋渔业、海洋养殖业、海洋盐业、海港建设、海洋油气开采等方面，同样发展较快，有的还位于国际前列。

出席海洋经济发展战略研讨会的嘉宾，左起任玉岭、李素循、作者、陆蚕珠、范晓虹、朱敏惠、张登义、冯如。

我国是海洋大国，历史上曾有明朝郑和下西洋的壮举，这是中华民族的骄傲。而今我国并非海洋强国。与世界上一些滨海国家如美国、俄罗斯、日本、欧洲的一些滨海国家乃至韩国相比，我们国家在海洋科技、海洋经济、开发利用海洋等方面还都相对落后，并且差距较大，有些甚至是空白。在开发利用海洋方面，我国还基本上停留在常规项目上，如海上运输、海水养殖、海洋渔业、海洋盐业就是如此。而且对海域的无序开发、对海洋生物的灭绝性捕捞、破坏海洋环境等现象仍时有发生。

我参加过对海洋环境的视察，了解到滨海省市对发展海洋经济相当重视，开发利用海洋也很有成效，重视对海洋环境的保护与治理，较为普遍的措施是净化入海污水，建设海岸防护林，严控海上船只向海中排污。但是在远离海岸的内陆地区，保护海洋环境的意识就很淡薄。毫不夸张地说，凡入海的大小江河都携带大量污水与污物注入海中，渤海就是一个典型。渤海受到了严重的污染，我记忆中儿时见到的洁净海水和优美的海岸已经不再存在。原来渤海的名产对虾、带鱼、小黄鱼、梭子蟹，现在几乎绝迹了。一次我回山海关探亲访友，主人请我吃的梭子蟹竟是舟山的产品，主人还告诉我说："当地很难再捕捉到梭子蟹，市场上出售的全是养殖的。"

渤海是我国的"内海"，被辽东半岛、山东半岛和庙岛群岛环抱其中。有关资料表明，渤海海水深度约200米，渤海海底基本是洼地，海水的浸入形成的渤海，其自净能力弱。还有的专家估算，渤海海水随洋流全部更换一次的周期约400年。渤海遭受严重污染，其污染源有的来自滨海地带，有的来自海上船只，但是百分之九十来自入海的江河。江河的上流地区往往把河道当做排污的通道，这些污水与污物最终由江河带入海中。专家们曾不只一次地发出警告：莫让渤海变成纳污池！警惕，别让渤海变成死海！

党和政府对渤海的治污非常重视，国家投巨资实施碧海计划，中央和地方也都出台了防污治污的法规。可是由于人们的环保意识不强，执行法规不严，使防污治污成效欠佳。我们应该共同努力，增强环保意识，刻不容缓地继续拯救渤海，还原渤海本来的面貌，再现其洁净的美景。我期盼这美景早日再现。

保护海洋、保护海洋生物的多样性，目的是更好地开发利用海洋，以利于使海洋永久地为人类服务。

21世纪是海洋的世纪，世界上各海洋大国对海洋越来越重视，争霸海洋和争夺海洋利益也越演越烈。巨大而丰厚的海洋利益，不仅牵动海洋大国及一切滨海国家和地区，甚至有的内陆国家也要"借道出海"，也在设法争取海洋公共利益和南北极地区的利益。

众所周知，由于人类生存且不断追求高质量生活的需要，使得人类无休止地索取地球上的资源，造成陆上的资源越来越少，有些资源已经或即将枯竭，我国有些地区因资源枯竭而转型或将要转型。海洋则可接替陆地为人类提供可享用的资源。海洋中有丰富的资源，有关资料中记载：凡是陆上有的资源，在海洋中全有，有些资源是海洋中独有的，陆地上都没有。

在今年的"两会"上，全国人大代表和全国政协委员们热议的话题之一是关于低碳生活，人们期待着洁净的能源。海洋中的"可燃冰"就是一种清洁能源，而且储量相当大。包括"可燃冰"在内的所有海洋资源的提取，都需要高科技的支持，也都需要高额的经费投入，更需要大量的海洋科技创新人才。仍旧以"可燃冰"为例，如何开采它，如何将它提取出海面，不损失或少损失其能量，确实是一个很大的难题。

科技是第一生产力。要走出常规开发利用海洋的局面而深度地开发利用海洋，首先要创新海洋科技。我们应该加速海洋高科技创新人才的培养或引进，以创新的海洋科技推动我国的海洋战略，尽快使我国不仅是一个海洋大国，而且是一个海洋强国。海强意味着国强，国强必应海强。在《创新海洋科技建设海洋强国》的提案中，我曾提出如下建议：把实施海洋战略，像西部大开发、东北振兴、东部持续发展、中部崛起那样，明确为国家战略，使之成为国家意志，全社会的系统工程。

实施海洋战略，将会涉及政治、经济、军事、外交、法规、海防、边界、主权等一系列的问题，在国防上也是一个敏感的问题。我国的海域辽阔，沿岸线长，海岛多。目前除渤海是"内海"而不存在外交争端外，在黄海、东海、南海都有国际争端，有些争端已经涉及到国家主权和海防安全。

我们是主权独立的海洋大国，我们应该而且能够尽快建成海洋强国。我国的领土神圣不容侵犯，我们的领海、海岛、岛礁也神圣不可侵犯。我在小学学地理时，教师和教科书上告诉我的是，我国有九百六十万平方公里的国土。至今常想起的也是国土中陆上的土地，不常想起的是三百万平方公里的海洋国土或称作蓝色国土。恐怕像我这样没有重视蓝色国土的还会有不少人。所以首先要提高全民的海洋意识，建立21世纪的海洋观。

实施海洋战略，要贯彻科学发展观，科学地规划、科学地开发和利用海洋资源，既要开发利用好已有的海洋资源，又要积极争取享用世界共同的海洋利益。

我国管辖的海域面积有三百万平方公里，在太平洋国际海底多金属结核矿区，还拥有七万五千平方公里的资源专属开发区。随着我国沿海地区经济的快速发展，海洋经济也日益成为国民经济的重要组成部分和新的增长点。2008年我国海洋经济总产值已占全国国内生产总值的9.8%，是我国经济可持续发展的重要支撑。但是，从总体上看，我国对海洋资源的开发利用仍处在较低的水平。除海洋水产品产量、海盐产量、港口吞吐量位居世界前列外，其它海洋资源开发量和海洋科技研究与应用水平都落后于国外。在新兴的海洋科技领域，例如我国的海水淡化技术和海水直接利用技术；在海洋空间和海洋资源开发的新兴领域，像大洋锰结核、热液矿床的勘探与开发；除海洋油气之外的海洋能源，像潮夕能、波浪能等动力能；海底隧道和人工岛建设、海洋空间利用等方面，我国不仅落后，有的还是空白。

海洋问题是国家战略问题

我国海域辽阔、海岸线长、滩涂面积大、海岛多。我国海洋资源丰富，开发利用的潜力巨大。我国海洋经济发展的前景广阔。我们应该也有能力让海洋成为新的矿产和能源基地；应该也有能力将海洋扩展成为人类生存和发展的新空间；应该也有能力使海洋生物成为人类食物的稳定、丰富的来源。我国作为发展中的大国，在改革开放的现代化建设进程中，实施海洋战略，大力开发海洋资源具有重大而深远的战略意义。

海洋问题历来都是国家战略问题。有关资料中记载，美国、日本、英国、法国和德国分别制定了海洋科技发展规划，提出优先发展海洋高科技的战略决策，期望在世界政治、经济、军事等方面的竞争中占据有利地位，同时也期望在海洋领域找到国民经济的新增长点。如1986年美国率先制定的《全球海洋科学规划》中提出，海洋是地球上"最后的开发疆域"，谁最早、最好地开发利用海洋，谁就能获得最大的利益。1990年美国又发表了《90年代海洋科技发展报告》，明确提出以发展海洋科技来满足对海洋不断增长的需求，以便继续保持和增强在海洋科技领域的领导地位。同年英国海洋科技协调委员会发表了《90年代英国海洋科技发展战略报告》，提出要优先发展对实现海洋开发具有战略意义的高新技术。日本政府制定了面向21世纪的"海洋开发推进计划"，提出利用科学技术加速海洋开发、提高国际竞争能力的基本战略。发达国家拉开了加速海洋竞争和开发的帷幕，海洋已成为国际竞争的重要领域。海洋领域的竞争，实质上正在演化为国家间、利益集团间拥有海洋高技术能力和手段的竞争。

我国应该重视创新海洋科技，更应该重视发展海洋经济，建设海洋强国，为中华民族的伟大复兴做出更大的贡献！

王 渝 生

简 历

王渝生,中国科学院理学硕士、博士、博士生导师,德国慕尼黑大学博士后。中国科学院自然科学史研究所原副所长、研究员,中国科技馆原馆长、研究员。北京市科协副主席、科学普及工作委员会主任。中共中央党校、国家行政学院、中央社会主义学院和北京科技大学等高校兼职教授。国家教育咨询委员会委员。第十届全国政协委员、教科文卫体委员会委员。长期从事科学史研究和科普教育工作。所著《自然科学史导论》、《科学寻踪》、《科技百年》、《中国科学家群体的崛起》、《中国算学史》荣获国家图书奖、中国图书奖、全国优秀科技著作暨科技进步奖、20世纪科普佳作奖、中国青少年社会教育"银杏奖"特别贡献奖、国家中长期科学和技术发展规划(2006—2020)战略研究突出贡献奖。被评选为全国科普先进工作者。享受国务院颁发的政府特殊津贴。

政协委员提案应关注廉政建设和民生问题

王渝生

我在担任十届全国政协委员期间,正值通过"三个代表"学习教育活动,党风廉政建设和反腐败斗争深入开展,取得了明显成效之时。但是在一些地区、一些部门、一些领导干部自身的腐败问题还十分严重,这既是老百姓深恶痛绝的心头大患,也关系到党和国家的生死存亡。所以党的十六大报告中明确指出:"坚决反对和防止腐败,是全党一项重大的政治任务。不坚决惩治腐败,党和人民的血肉联系就会受到严重损害,党的执政地位就有丧失的危险,党就有可能走向自我毁灭。"因此,"领导干部特别是高级干部,必须以身作则,正确行使手中的权力,始终做到清正廉洁,自觉地与各种腐败现象作坚决斗争。"

在十六大精神的鼓舞下,我们科协委员组在讨论过程中一致认为,当时腐败现象的产生有多种原因,而一些领导干部"缺德"是其心理防线最后崩溃、走向腐化堕落的深层次因素。因此在依法治国的同时,必须以德治国;在以德治国中必须先正"官德"。官德先行,正人先正己,充分发挥官德对民德的示范引导作用,社会主义思想道德建设才能在全社会真实有效地推行。

于是，我和茅玉麟等委员商议写一份提案，分析官德不正的现象，提出官德建设的建议。

通过分析，我们认为官德不正的现象在不同的部门有不同的表现：在领导部门表现为重关系轻原则，重权利轻职责，重享受轻义务，重"政绩"轻百姓疾苦；在权力部门表现为以权谋私，权钱交易，不给好处不办事，给了好处乱办事，为了自家害了国家；在管理部门表现为"门难进，脸难看，话难说，事难办"，甚至于"勒、拿、卡、压"；在执法部门表现为执法不公，执法不严，甚至执法犯法，贪赃枉法，深受群众痛恨。

然后，我们又提出了官德建设的建议：一是狠抓学习，加强教育。领导干部和公务员要加强思想道德学习，反对和抵制拜金主义、享乐主义和极端个人主义等腐败思想，模范执行《公民道德实施纲要》，带头遵守社会公德、职业道德、家庭美德。领导干部每年要有一定的时间深入基层调查研究，特别要深入到困难地区、困难单位、困难群众中，与他们同学习、同生活、同工作、同劳动，在联系实际、联系群众中接受教育，提高认识，净化灵魂，升华官德，服务百姓，取信于民。二是发扬民主，健全法制。要坚持和完善社会主义民主制度，扩大公民有序的政治参与，保障人民群众依法享有的民主权利和人身自由，尊重和保障人权。要加强社会主义法制建设，加强反腐立法和执法，坚持领导干部和老百姓在法律面前一律平等，坚持依法行政、从严治政，增加行政工作的公正、公开和透明性。三是强化监督，创新体制。官德建设的根本出路在改革，它涉及体制机制改革、人事制度改革、监督机制改革。要采取积极措施解决权力过分集中的问题。对于一些部门的审批权、发证权、罚款权等，要加以分散和限制。要改革干部人事制度，用好的机制来选人、选好的人。要建立领导监督、同级监督和群众监督相结合的监督机制，加强社会舆论监督。真正做到权力到位，权力制约到位，权力监督到位。

这样，一份《关于以德治国，"官德"先行，加强廉政建设的提案》就产生了。

政协委员在关注廉政建设的同时，理所当然地要关注民生问题。因为我们提倡政府廉政、勤政和优政，就是为了让领导干部和公务员更好地履行人民公仆的职责，为人民服好务，为人民谋利益。

关注民生问题，首先要关注社会热点和最困难人群的民生问题。

当时农民工问题是一个社会热点，拖欠农民工工资问题成为焦点，引发了关于农民工维权、农民工子女教育等一系列问题。

首先是温家宝总理为重庆市开县农民熊德明的丈夫讨回所欠民工款的事件，体现了政府的执政为民。我恰好应邀在家乡重庆电视台"龙门阵"栏目做了一期"讨回的仅仅是工钱吗"？的访谈节目。于是向熊德明本人和参加节目录制的开县有关负责同志和维权律师等进行调查，了解到开县150多万人口中在外地打工的有50万人，每年所挣工钱达15.8亿元，这是开县农民目前主要的收入来源。另据国家有关部门的估计，农民进城务工者在2003年已达9400万人，加上离土不离乡的1.3亿人，农民工总数逾2亿人。据统计2003年累计拖欠农民工工资有1000多亿元。我分析了拖欠原因：一是社会道德水准和诚信原则普遍降低；二是农民工自我维权意识淡薄；三是不具有任何资质的自然人挂靠在一些公司，最终工程完成后拿钱跑了；四是工程的层层转包加价；五是投标过程中不正当竞争，造成发包商本身的核定超过了他的投资；六是工程的投资不到位即开工。

其中后四个原因是我具体了解情况后自己归纳的，而且我认为不能把拖欠农民工工资的责任完全推到包工头或工程施工单位，业主资金不到位、投资源头出问题是更重要的根本原因。

在调查研究和分析原因的基础上，我提交了《关于切实解决拖欠农民工工资问题的提案》，建议建立规范的劳务公司，对农民工按工种进行国家考试，合格的取得上岗证，由劳务公司把农民工输送到所需的工程施工单位。工资由劳务公司与工程施工单位进行结算，劳务公司按期（一般应按月）给农民工发放。农民工与劳务公司、劳务公司与工程施工单位应有合法的合同关系。

我还建议，要加大劳务部门的监察力度，认真履行法律所赋予的权利和承担法律规定的义务；司法行政部门要制定针对农民工讨还工资的法律援助条款；要建立投资方、施工单位和劳务公司的连带责任关系和处罚措施。

至于农民工，我建议要切实加强对他们的职业培训和法律知识培训，增强农民工的就业能力和法律、维权意识。要建立农民工的工会组织和党团基层组织。

我认为全社会要形成关心农民工问题的良好氛围，法律、行政、舆论、群众监督并举。

我还倡议建立"保障农民工合法权益基金"，由社会捐助，以解决个别案例中的农民工的燃眉之急。

我的提案和上述建议受到了全国政协提案委员会的高度重视。在有全国政协领导人、各民主党派负责人、各有关部委负责人和提案撰写人代表举行的现场办公会上，我代表提案撰写人做了发言，受到与会者好评。该提案交付建设部、劳动和社会保障部、农业部、司法部分别研究办理，有关部门采取措施，拖欠农民工工资问题很快得到了较好的解决。

从解决农民工工资拖欠问题是事关农民生活、农村稳定和社会诚信，是政府应着力解决和全社会都应关注的大事出发，我觉得还应加强对农民工的维权、教育和管理工作。所以，其后几年通过调查研究，我又提交了几份关于农民工问题的提案。

例如，在全国政协十届三次会议上，我提交了《关于加强对农民工的维权、教育和管理工作的提案》，建议政府设立专门机构，研究探索与当前形势相适应的农民工维权、教育和管理模式；有关部门要切实解决农民工工资待遇、社会福利、医疗卫生、劳动保险、住房和教育以及农民工子女入学入托问题，特别是法律援助维权问题；城市用工单位、农民工居住的社区和全社会都要善待农民工，杜绝歧视，坚持社会公平、正义，同他们和谐相处；社会公益设施特别是文化娱乐、科普教育设施，对农民工及其子女也要实行免费、减费的优惠措施；而有关企业尤其要创造农民工良好的工作、学习和生活条件，切实负起企业的经济责任、社会责任和环境责任，有关领导管理部门对好的企业要表彰，对剥削和变相剥削者要依法惩处。

在全国政协十届五次会议上，我提交了《关于警惕农民工子女"流动儿童"和"留守儿童"发展成为"问题人群"的提案》。

因为据了解，当时全国14岁及以下的流动儿童和留守儿童数量各有两三千万人，他们由于缺乏相对稳定的成长环境，缺乏父母、家庭或社会的关爱，处于相对弱势的状态，往往容易出现种种心理和行为问题，甚至形成潜在的反社会心态。随着时间的推移，越来越多的农民工子女已经步入青春期和青年阶段,他们的活动能量将会越来越大,已经形成的个性或心态会越来越固执或稳定,影响力和破坏力可能会越来越大。当时全国各地公安系统对未成年人偷窃、抢劫等犯罪的统计,留守儿童和流动儿童在其中都占有相当大的比例,有些县城甚至有60%以上的未成年人案件是留守儿童作案。

当时我在中国科技馆当馆长,我特地邀请农民工子女到中国科技馆免费参观,同时向他们了解情况,听取他们的诉求。我发现农民工子女特别是流动儿童和留守儿童的心理生理健康情况存在严重的问题。一是普遍具有焦虑和抑郁倾向,表现为在学习和生活中的紧张感、莫名的烦恼、心里不踏实、对挫折非常敏感、情绪化程度高等等;二是心理问题倾向于躯体化,表现为经常性疲劳、失眠;三是在学校容易发生与老师和同学的人际冲突,总觉得受到老师和同学的另眼相看;四是有强烈的仇富心理,甚至发展到仇视社会,这是非常危险的。

我也分析了影响流动儿童和留守儿童心理健康状况的原因。我觉得主要原因是他们家庭的割裂状态对亲子关系、亲情温暖、儿童安全性需求和生活满意度的负面影响。这些流动儿童和留守儿童,极有可能发展成为一种不适应现实社会的"问题人群",若不采取积极有效的措施,这一问题人群又极有可能逐步发展成为一股暗流,脱离于主流社会之外。由于这股暗流是以一种群体情绪化方式较隐蔽地存在的,而且潜在人数规模较大,可能导致一些看上去非常小的事件,演变成一场大的社会动荡。美国社会学家亨廷顿说过:"进城农民的第二代,将是社会革命的中坚力量。"而法国巴黎移民第二代造成的社会动荡事件则是一个前车之鉴。

为此,必须高度警惕农民工子女由"流动儿童"和"留守儿童"

转变为"问题人群"从而给社会带来危害的可能性。我在提案中建议全社会特别是政府有关部门要关注农民工及其子女问题，学校对城市学龄儿童和农民工子女要一视同仁，对农民工子女更应特别关照和给予补贴，加强对农民工、农民工子女和他们的教师的教育培训工作。

令人可喜的是，这个提案转到教育部以后受到了重视，教育部有关部门复函提出了许多有效的解决措施。

几年后，我有幸参加了国家中长期教育改革和发展规划纲要的战略研究，最近我又成为国家教育咨询委员会的委员，在教育规划纲要和教育咨询委员会的有关文件中，特别强调促进教育公平，九年义务制教育阶段对所有适龄儿童和青少年都享有同等受教育的权利，明确规定对城市居民和农民工的子女要一视同仁，而且对农民工子女更有优惠措施。这令我感到十分欣慰。

全国政协有三大职能：政治协商、民主监督、参政议政。政协委员的提案应关注廉政建设和民生问题。封建时代的志士文人尚且能够发出"居庙堂之高则忧其民，处江湖之远则忧其君"，"先天下之忧而忧，后天下之乐而乐"的感慨，我们政协委员更应该忧国忧民，关注领导班子的廉政建设，关注老百姓的民生问题，为建设民主、富强、和谐的社会主义现代化国家贡献出我们的智慧和力量。

吴雁泽

简历

吴雁泽，男，生于1940年3月，1964年毕业于中国音乐学院声乐系本科。曾任中国歌剧舞剧院党委书记兼副院长，中国音乐家协会党组书记。

五十年来从事中国民族声乐演唱、研究工作，在中国民族声乐学派的建设中，提出扎根民族、借鉴西洋，并身体力行走出了一条科学的、具有中国民族气质、特色的歌唱道路，被誉为歌唱诗人，歌坛上的常青树，是当代中国民族声乐的杰出代表人物。

吴雁泽曾任中国音乐学院、天津音乐学院、武汉大学、福建师范大学、河南大学、华中理工大学艺术系等多所院校的兼职和客座教授。是第九、第十、第十一届全国政协委员，全国政协教科文卫体委员会委员，中国文学艺术界联合会副主席，中国音乐家协会顾问，国家一级演员，享受国务院颁发的政府特殊津贴。

提案背后的故事

吴雁泽

我作为一名文艺界的政协委员,和其他委员一样围绕文化事业和现实社会生活写了不少提案,这其中有关于建议政府在文化事业上要加大扶持力度,加大对公共文化设施的投入以及艺术院校的支持力度,也有关于国家大剧院的建设和音乐博物馆的设立等等。有的是以第一提案人提出的,有的是联合提出的,算下来也写了不下几十件提案。今天看来这些提案都得到了回应和落实,心中颇觉慰藉,作为一名政协委员,我还是尽职尽责的。

在这些提案中给我留下深刻印象的有这样几件。记得那是1998年夏天的一个早上,我正走在人行道上,忽听后面有人惨叫一声,忙回头一看,见一位老人跌倒在地,眼前一位年轻人飞快骑车而去,一转弯就不见人影。我赶紧上前扶起老人,还好,他只是碰倒在地,未受重伤。我扶着他缓缓走了几步,看看还好,过后,老人自己慢慢走了。

这件事给我印象很深,怎么能在人行道上骑车,且撞倒了人,自己还溜了呢。我带着这个想法,在第二年3月的大会上,写了一份

《关于市交管部门严格管理"各行其道"的提案》，建议有关部门严格管制，在人行道上不准骑自行车，做到人、车分流。此案提交以后，五月就有了回音，北京市交管局在给我的答复中，明确提出已制定了人和自行车"各行其道"的规定！我对此非常满意！后来有一天，老伴忽然问我：你不觉得现在人行道上很少有骑自行车的了吗？你不觉得老人们散步的心态都很好了吗？老伴的提问使我立即想到是我的提案发挥了作用。是我们的政府重视委员提案的结果。

还有一件提案是在2007年初提交的，是为了配合北京搞好绿色奥运、人文奥运建议有关部门严格管制疯狗咬人、狗屎遍地的不文明现象发生。这件提案的提出是由于不少邻居、街坊向我反映，我个人也曾亲眼目睹：在我们经常散步的林荫大道上，常常有疯疯癫癫的狗儿冲着散步的人们冲过来，吓得人们躲闪不及。也有的时候，人们欢快地散着步，突然脚下一滑，低头一看，踩着一堆狗屎，弄得特别恶心；也有时想在草地上坐一坐，可刚一坐下，屁股上粘了狗屎；抚摸一下草地，手上粘的也是狗屎，令人哭笑不得，很扫兴。鉴于2008年奥运会期间全世界的游客都会云集北京，北京将成为世界人民了解中国的一扇窗户，如果满地都是狗屎，那将会带来什么影响？我这个提案就是在这样的心境和大众呼声中产生的。提案一经提出，很快就有了回音，北京市办公厅、北京市公安局等有关方面，制定了很好的解决方案，而且特别提出动员全北京市民共同搞好环境卫生。我虽然不养宠物，但要爱护宠物，也要爱护环境卫生。因此，在我每天散步时，口袋里装了塑料袋和卫生纸，一旦看见地上和草丛里有狗屎，便主动把它收起来包好，扔到垃圾箱里。我也发现跟我一起散步的不少朋友们也在这样做。几个月下来，我发现林荫道上疯狗不见了，狗屎没有了，欢笑声增多了。2008年奥运会，不仅奥运健儿为国争光，北京市民也为国家赢得了荣誉。他们通过自己的努力，让世人感受到了绿色奥运和人文奥运的风采。

我出生在山东省淄博市博山区山头镇，那儿是我国宋朝即已闻名全国的瓷都之一，几乎家家户户都是瓷器小作坊，这其中确也有不少身怀绝技的手艺人。我知道的就有朱以圭、冯乃藻兄弟等大师级的人物，这些人大都已是古稀之人，有的已进入风烛残年。我几次回乡，见到他们的居住条件很差，冯乃藻当时已属于下岗职工，月工资仅有500元，住处狭小简陋，一家老小挤在一间不足15平方米的小平房里，根本谈不上有工作室了。但冯乃藻的绝技却是当今数得上的，他亲手烧制的"孔子"、"关云长手提青龙刀"等形象栩栩如生，极富鲜活感。他不仅继承了传统的手法，也有创新，很受百姓和外商的青睐！可是博山陶瓷公司倒闭以后，他就随之失业，不仅手艺无处施展，连生活也陷入了穷困境地，以至于病魔缠身！我在了解了这些情况以后，决定写提案，要求有关方面切实改善他们的生存条件，从而抢救这些老艺术家的绝活。提案上去以后很快有了回音，山东省办公厅和淄博市有关方面给予了很好的答复，他们直接到基层去做了调查，按照实际情况制定了相应的政策。如今冯乃藻已搬进了楼房（廉租房），生活条件得到了改善，老艺人们心情舒畅，身体健康，都表示一定把绝活传给后人，使之发扬光大。我见到这些老艺术家后也非常激动，他们能在党和政府的关心下继续为传承中华民族的文化发光发热是我们政协提案工作备受重视的结果。作为一名政协委员我也从中深受教育，彻底改变了过去认为政协委员只是一种荣誉和摆设的不正确的看法。政协委员是完全可以做到帮助党和国家了解社情民意，而党和国家是非常重视政协委员的意见和建议的。

中国农工民主党简介

中国农工民主党（简称农工党）是以医药卫生界高中级知识分子为主，具有政治联盟特点，致力于中国特色社会主义事业的参政党。

1927年大革命失败后，为了继续贯彻孙中山先生"联俄、联共、扶助农工"的革命路线，1930年8月邓演达在上海主持成立了中国国民党临时行动委员会。1935年11月改党名为中华民族解放行动委员会。1947年2月改党名为中国农工民主党。在血与火的考验中，农工党同中国共产党建立了互相信任、互相支持的亲密关系，为新民主主义革命的胜利和新中国的建立作出了重要贡献。

新中国成立后，农工党遵循政治协商会议共同纲领，制定了为社会主义服务的政治路线。新的历史时期，农工党为推进经济建设，推动医药卫生事业发展，促进祖国和平统一，维护安定团结的政治局面，发挥了积极作用。新世纪新阶段，农工党把服务于发展作为参政议政的第一要务，围绕全面建设小康社会的目标，深入调查研究，积极建言献策；发挥自身优势，在战胜"非典"疫情、抗震救灾、支边扶贫等方面作出了卓有成效的工作。

目前农工党在30个省、自治区、直辖市建立了组织，现有党员102000多人。历届主要领导人有邓演达、黄琪翔、章伯钧、彭泽民、季方、周谷城、卢嘉锡、蒋正华，现任主席桑国卫。

七家网站送锦旗感谢农工党中央
呼吁消除"乙肝歧视"

农工党中央

2006年3月21日,"肝胆相照"、"战胜乙肝网"、"中国肝病医疗网"、"网易"、"搜狐论坛乙肝版"等7家乙肝病毒携带者维权公益网站,联合向农工党中央赠送锦旗和感谢信。锦旗上写着:"关注民生冷暖,促进社会和谐。"感谢信中说:"欣闻贵党在刚刚闭幕的全国政协十届四次会议上提出了《规范乙肝检测,促进和谐社会建设》的提案,我们作为中国乙肝病毒携带者群体中的成员,谨向贵党派致以真诚的感谢和崇高的敬意!""贵党在中共中央'构建和谐社会'的政策方针指引下,积极参与和谐社会建设,从政策设计源头提出消除乙肝歧视的重要建议。我们看到,这一提案一经提出就产生了热烈而良好的社会反响!无数乙肝病毒携带者为此而欢欣鼓舞!无数乙肝病毒携带者为此而倍觉温暖!"

受农工党中央领导同志委托,参政议政部姚秀元副部长接待了七家网站的代表陆军和卫生部中国肝炎防治基金会项目官员张建敏。

1.2亿乙肝病毒携带者遭遇"乙肝歧视"

根据卫生部门调查,上世纪90年代,我国乙肝携带率为9.75%,人数约为1.2亿人。2005年1月19日,国内对乙肝患者的生活状态、疾病认知状况最新调查结果在京发布。调查显示,52%的患者由于乙肝失去了获得理想工作和学习的机会。这些调查数据说明,我国乙肝歧视现象非常严重,乙肝病毒携带者的生存状况堪忧。

我国《病毒性肝炎防治方案》中指出,乙肝携带者除不能献血及从事直接接触入口食品和保育工作外,可照常工作和学习。根据我国相关医学文件和法律规定,乙肝携带者的就业只在极少数行业有限制,绝大多数行业都能正常就业。但在"谈肝色变"的社会舆论环境影响下、在不合理的体检体制作用下,许许多多用人单位都把乙肝列入必检项目,将乙肝病毒携带者筛查出来,排除在就业大门之外。

很多人因无法通过无所不在的入职乙肝检测,求职屡屡受挫,自尊一再受损,从此一蹶不振、蹉跎青春;很多人因乙肝病毒携带者身份曝光而被单位辞退,生活失去来源,家庭贫困潦倒。

2003年,浙江大学应届毕业生周一超,在报考公务员时,笔试面试都合格,却因为体检被查出乙肝阳性而被拒录。绝望中的周一超完全丧失了理智,一刀捅过去,当场捅死了一名与他素不相识的人事干部。这场本不该发生的悲剧,唤醒人们思考悲剧后面的深层次社会原因。

2005年1月20日,我国的公务员体检政策出现了顺应民意的可喜转变：人事部、卫生部颁发的《公务员录用体检通用标准（试行）》和《公务员录用体检表》中不包含乙肝标志物检测项目。这意味着，乙肝项目已经不再是公务员录用体检的必检项目。但是，企事业单位的招工体检，却没有这样的体检规范。许多单位公开声明不录取乙肝病毒携带者。

目前，我国存在着乙肝检测泛滥的现象。许多企事业单位的招工体检和各级各类学校入学体检，乙肝都成为了体检普查项目。这种现象造成了极为严重的社会后果：由于缺乏对乙肝常识的正确认识，公众普遍对这些乙肝携带者有恐惧和排斥心理，导致乙肝携带者被筛查出来之后往往会被用人单位淘汰或被学校拒绝入学。

在进行乙肝标志物检测过程中，还存在着乙肝病毒携带者的个人隐私被随意扩散的问题。大多数单位组织集体体检后，工作人员会把体检结果公之于众，或直接分发给各个科室。这期间，任何人都可以随意翻阅，公开医疗隐私几乎成了各单位的通病。乙肝病毒携带者的体检状况一旦被公开，势必会遭到领导、同事、同学、朋友的排斥和孤立，对他们的切身利益构成巨大危害。

为了消除"乙肝歧视"，农工党中央重视网民的群体诉求

2006年"两会"前的两、三个月，我国最大的乙肝病毒携带者公益网站"肝胆相照论坛"的网友们再次展开网上热议：如何表达自己的利益诉求、消除社会歧视、改变生活境遇。最后，网友们决定，向一直关注医药卫生领域问题的中国农工民主党反映我们的基本要求，请他们帮助呼吁"规范乙肝检测，维护乙肝病毒携带者的正当权益"。

2006年1月,"肝胆相照"网站版主、郑州市民陆军(网名"金戈铁马")从河南赶到北京。他并不知道农工党中央的办公地点,更不知道电话号码。几经辗转,陆军拨通了农工党中央参政议政部副部长姚秀元的电话。姚副部长对陆军反映的"乙肝歧视"问题非常重视,邀请他到农工党中央参政议政部调研处详谈。

按照领导指示,调研处袁建民处长热情地接待了陆军。整整两个小时,袁处长一直在仔细听,认真记,还不时插话,详细了解一些关键性的细节材料。听完陆军介绍的乙肝歧视现状,袁处长又认真阅读了他带来的大量调查资料。然后,像老朋友之间谈心那样,他谈了个人意见:"我家亲戚中也有乙肝病毒携带者,我了解他们在就学、就业乃至谈婚论嫁时遇到了很多困难。1.2亿携带者,的确是一个庞大的弱势群体。要构建和谐社会,必须高度关注并努力改善弱势群体的生存状态,实现改革发展的成果共享;消除乙肝歧视,需要不断加大科普宣传力度,帮助人们消除由误解而产生的过度恐慌心理,还要从政策设计的源头抓起,从根儿上解决问题!"袁处长当即表示,调研处立即以书面汇报形式向农工党中央反映乙肝病毒携带者的集体诉求。

就在陆军回到河南不久,袁建民处长打来电话说:"经过认真分析相关资料并征求专家意见,调研处认为,出现'乙肝歧视'现象,源头之一就是乙肝标志物检测不规范。调研处按照领导要求,完成了《关于规范乙肝检测法规,促进和谐社会建设的建议》的提案草稿,现在把这份草稿传给你,请你广泛征求网友和专家意见!"陆军立即将这份提案稿转给了"肝胆相照"的网友,收集了大家的反馈意见。

同时,陆军将提案稿转给了北京地坛医院传染科主任医师蔡晧东，并得到了她的支持。蔡晧东曾在媒体上明确指出，要反对乙肝歧视，就要明令禁止招聘单位检测"乙肝两对半"！她说，判断肝损害的状况是看肝功能，如果乙肝病毒感染者的肝功能正常，就属于健康人，就不需要治疗，可以正常工作。北京佑安医院教授、中华医学会肝病分会常委段钟平对提案稿也表示支持，段教授认为："写得特别好，有理、有据、有节、客观、公正、目标明确。"北京理工大学经济学教授胡星斗在回信中也肯定了这份提案稿，称建议部分"已很完善"。他认为，能够就反对乙肝歧视问题向全国政协反映意见，很有社会意义。

农工党中央建议：消除"乙肝歧视"，必须规范乙肝标志物检测

在充分征求意见的基础上，农工党中央将《关于规范乙肝检测法规，促进和谐社会建设的建议》提交十届全国政协四次会议。

提案指出，当前，党和政府正全力推进和谐社会建设。一个和谐、文明的社会，应该使所有弱势群体和特殊群体都能平等地享受社会关爱。我国乙型肝炎病毒携带者有1.2亿，既是一个庞大的特殊群体，又是一个庞大的弱势群体。超乎常人的就学、就业压力，不但直接影响着他们的生存状态，而且间接影响到亿万家庭的生活质量。

提案指出，消除乙肝歧视已经引起了党和政府的高度重视。2005年1月20日，人事部、卫生部联合制定的《公务员录用体检通用标准（试行）》和《公务员录用体检表》颁布实施，《公务员录用体检表》中就不含乙肝标志物检测项目；卫生部官员就《公务员录用体检通用

标准（试行）》中的相关问题，回答记者提问时明确表示："乙肝病毒携带者可以担任公务员。"这是我国为消除乙肝歧视迈出的可喜的第一步！要想在我们这样一个"乙肝大国"彻底消除乙肝歧视，还有许多工作要做。

提案还指出，我国对乙肝标志物（"乙肝表面抗原"或"乙肝两对半"）检测非常不规范，导致近年来出现了一些混乱现象。乙肝标志物检测，已经不是单纯的医学问题，而是一个重大的社会问题。

提案建议：为了消除乙肝歧视根源，促进和谐社会建设，把党和政府对乙肝病毒携带者的关怀真正落到实处，我们建议，消除乙肝歧视，应该首先从制度设计的源头抓起。卫生、人事、劳动和教育主管部门对乙肝标志物检测工作进行规范：一、对于我国现行法规的相关条文规定需要进行乙肝标志物（"乙肝表面抗原"或"乙肝两对半"）检测的行业，必须严格按照相关规定进行检测，做到"应检必检"。二、对于现行法规没有规定需要进行乙肝标志物检测的行业招工体检和学校入学体检，初检时不应进行乙肝标志物检测；初检肝功能结果异常者，进入复检程序时可以检查；任何单位和个人都无权擅自扩大乙肝病毒携带者就学、就业的受限范围。在保护乙肝病毒携带者的受教育权和就业权方面，苏州的做法值得在全社会大力推广。三、按照我国现行的有关规定，高考前对考生的乙肝标志物体检是必需的，但入学后，高等院校（及各类专科学校）不应再对学生进行乙肝标志物检测。四、由单位组织的福利体检（或保健体检），检测医院和检测机构负有保护受检者隐私的责任和义务，因此应将体检结果密封传递，避免无关人员查看、传看和翻阅；检测结果应直接交给受检者本人，不应交给单位。

提案反响强烈，网友一致要求送锦旗

  2006年两会期间，《中国日报》、《人民政协报》、《南方都市报》等7家报纸和全国最有影响的网站之一"网易"，纷纷对农工党中央的这一提案作了专题报道。《人民政协报》报道的题目是《消除乙肝歧视，要从政策源头抓起》，并配发了短评："它意味着全国政协民主协商的功能在我国政治生活中正发挥着越来越大的作用，日益受到社会的重视；意味着民主党派参政议政的职能越来越为民众所了解，更出色地发挥着联络社会各界纽带的作用。从中，我们可以真切地听到我国社会主义民主政治建设的强劲的脚步声。"

  连续多日，网民们热议农工党中央的提案，对农工党积极参与和谐社会建设的做法，给予了高度评价。网民纷纷发表留言表示感谢，据粗略统计网友留言有十万余条。许多网友称自己被"感动得热泪盈眶"，"全家人都很高兴"，"强烈要求送锦旗"。署名"最绝望的女孩"说："真的提出了这样的好建议吗？希望能够解决。非常感谢！"

  一位网友说："我是在东莞的一名打工者。同事知道我是乙肝病毒携带者，要求我在外面租房住，吃饭也不能在饭堂吃，而要端到外面吃。我感到很不是滋味，我很想出厂，但外面的很多工厂都要查'两对半'。看了提案，我感到很高兴，但不知道要多久才能使东莞的工厂在招工时不再有那些歧视性的体检？"

好政策接连出台，就业歧视的高墙终于被撞碎

2006年，春风不断吹拂。

9月2日，卫生部发布了《预防控制乙肝宣传教育知识要点》，明确阐述："乙肝通过血液、母婴和性接触三种途径传播。日常生活和工作接触不会传播乙肝病毒。""乙肝病毒携带者在工作和生活能力上同健康人没有区别。由于乙肝传播途径的特殊性，乙肝病毒携带者在生活、工作、学习和社会活动中不对周围人群和环境构成威胁，可以正常学习、就业和生活。"

5月18日，劳动和社会保障部、卫生部联合发布《关于维护乙肝表面抗原携带者就业权利的意见》，明确规定了对乙肝检测进行规范，其内容与农工党中央的提案在多处不谋而合。为了促进乙肝表面抗原携带者实现公平就业，文件规定：（一）保护乙肝表面抗原携带者的就业权利。除国家法律、行政法规和卫生部规定禁止从事的易使乙肝扩散的工作外，用人单位不得以劳动者携带乙肝表面抗原为理由拒绝招用或者辞退乙肝表面抗原携带者。（二）严格规范用人单位的招、用工体检项目，保护乙肝表面抗原携带者的隐私权。用人单位在招、用工过程中，可以根据实际需要将肝功能检查项目作为体检标准，但除国家法律、行政法规和卫生部规定禁止从事的工作外，不得强行将乙肝病毒血清学指标作为体检标准。各级各类医疗机构在对劳动者开展体检过程中要注意保护乙肝表面抗原携带者的隐私权。

2007年8月30日，全国人大常委会通过《就业促进法》，明确规定用人单位招用人员，不得以是传染病病原携带者为由拒绝录用，还

明确规定劳动者可以就就业歧视向人民法院提起诉讼；劳动和社会保障部2007年10月30日通过《就业服务与就业管理规定》，与《就业促进法》配套实施，其中也重点对乙肝检测进行了规范，保护乙肝病毒携带者的隐私权和平等就业权。

好消息接二连三，陆军在自己的博客上写道："1.2亿乙肝病毒携带者面前的就业歧视高墙，终于被撞碎！感谢民主党派、人大代表、政协委员，他们善用了人民赋予他们的参政议政权，他们把乙肝病毒携带者的疾苦和呼声，带到了人大和政协会议，促成了一系列的好政策相继出台！"

在《关于维护乙肝表面抗原携带者就业权利的意见》发布的当天，正在出差的袁建民处长接到了陆军的报喜电话，袁处长在电话那头连声大叫："太好了！太好了！"

此时，全国1.2亿乙肝病毒携带者，如沐春风。好消息带来好心情，新政策带来新希望。

（陆军执笔）

民革中央简介

中国国民党革命委员会（简称"民革"）是具有政治联盟性质的、致力于建设中国特色社会主义和祖国统一事业的政党，是中国共产党领导的多党合作和政治协商制度中的参政党。民革是由原中国国民党民主派及其他爱国民主人士所创建，于1948年1月1日在香港成立的。民革成立以后即参与了中国人民政治协商会议的筹备召开，为新中国的建立作出了重要贡献。新中国成立后，民革始终以孙中山先生爱国、革命和不断进步的精神鞭策和激励自己，坚持中国共产党的领导、坚持社会主义，在社会主义革命、建设和改革中作出了新成绩。

改革开放新时期以来，民革积极履行参政党职能，不断加强自身建设，针对国家经济建设、社会发展、促进祖国和平统一等重大问题，积极开展调查研究，提出了许多意见和建议，受到中共中央和国务院的高度重视，在国家政治生活中发挥了积极的作用。同时，民革利用人才智力优势，开展智力扶贫、办学等多种活动，受到广泛欢迎。

至2008年年底，民革有30个省级组织，地市级组织255个，县级组织52个，拥有党员88476人。民革历任主席为李济深、何香凝、朱蕴山、王昆仑、屈武、朱学范、李沛瑶、何鲁丽，现任主席为周铁农。

加快县域经济发展
服务新农村建设

民革中央

早在 2002 年，中共十六大报告从全面繁荣农村经济、加快城镇化进程的角度，首次在中国共产党的文献中提出了"壮大县域经济"的任务。在 2003 年中共十六届三中全会作出的《关于完善社会主义市场经济体制若干问题的决定》中，中共中央又从改善农村富余劳动力转移就业环境的角度，提出要"推进乡镇企业改革和调整，大力发展县域经济"。2005 年，中共中央关于制定"十一五"规划的建议提出"大力发展县域经济"，着眼点是"千方百计增加农民收入。"2005 年中共中央《关于推进社会主义新农村建设的若干意见》再次从"拓宽农民增收渠道"的意义上，要求"增强县级管理能力，发展壮大县域经济。"2006 年中共十六届六中全会《关于构建社会主义和谐社会若干重大问题的决定》，在"扎实推进社会主义新农村建设，促进城乡协调发展"的题目下，提出"调整优化农村经济结构，积极稳妥地推进城镇化，发展壮大县域经济。"

进入新世纪以来，民革中央十分关注"三农"问题，坚持把"三农"问题作为参政议政的重要内容，同时大力开展智力支边扶贫工作，为贫困地区农村脱贫致富积极贡献力量。民革中央每年都要围绕"三农"问题开展调查研究，先后就农村医疗卫生体系建设、乡村债务化解、农民专业合作经济组织发展、农村劳动力转移、农村综合改革等问题进行了调研考察，并向中共中央提出意见和建议。

解决"三农"问题、建设社会主义新农村，与发展县域经济有着十分密切的关系。从微观上看，县域经济是以县级行政区划为地理空间，以县级政权为调控主体，具有地域特色的区域经济。县域经济以县城为中心，以乡镇为纽带，以农村为腹地，是城镇经济与农村经济的结合部，是工业经济与农业经济的交汇点，也是宏观经济与微观经济的衔接处，具有地域特色，与其地理区位、历史人文、特定资源相关联，承载着整个农村地区的经济建设、政治建设、文化建设、社会建设。

中共十六大提出"壮大县域经济"后，全国各地高度重视县域经济问题，许多省市区制定实施了多项积极有效的政策措施，推动县域经济进入了一个新的发展阶段。据专家研究，到2005年底，全国2008个辖有农村区域的县级行政区划（包括县、县级市、自治县、自治旗、林区），人口总数达9.18亿，占全国总人口的70.24%，全国县域经济的地区生产总值达8.81万亿元，占全国GDP的48.10%。全国县域人均地区生产总值为9470元，是全国的67.5%。尽管县域经济得到了较大的发展，但无论从总量看还是从质量看，县域经济在国民经济中所占份额还是远远不够的。在县域经济发展中，现阶段仍存在许多迫切需要研究解决的问题，比如如何在以人为本的科学发展观的指引下，打破城乡二元体制，实现城乡、区域经济社会的统筹协调发展，如何加快城镇化、工业化、现代化建设，如何调整经济结构和产业结构，发展特色经济，增加农民收入、开拓农村市场，如何提高农村劳动力素质，提高农民组织化程度，如何加快推进改革，转变政府职能，提高县级政府调控经济的能力，为县域经济社会发展提供服务，等等。2007年4月，全国人大常委会审议的《城乡规划法》提出，制定和实施县域经济社会发展规划，是县级政府发挥调控作用的一个重要问题。针对以上在发展县域经济、推进社会主义新农村建设过程中需要研究解决的问题，民革中央决定组成调研组到县域经济发展态势良好的广东省调研考察县域经济问题。

2007年5月16日调研组在肇庆高新技术产业开发区考察

5月的广东满眼绿色,带着初夏的炎热。2007年5月9日至16日,民革中央调研组一行来到广东。正值初夏时节,草木葱茏,生机盎然。此次调研由民革中央主席何鲁丽、常务副主席周铁农带队,民革中央副主席朱培康参加了调研。这是民革中央一年一度的重点调研。调研组在广东与中共广东省委、省人大、省政府、省政协及一些政府部门的领导同志,广州市、清远市、肇庆市及增城、清新、佛冈、德庆、四会、高要、广宁、封开、怀集等县市有关负责人进行了座谈交流,实地考察了一些乡村、企业和学校。调研组走村入户,与农民面对面交谈,28个实地考察点留下了民革中央调研组成员们的足迹。调研组感到,广东发展县域经济的成功经验具有很强的示范意义,存在的困难和制约也有一定的普遍性。

2007年5月15日,调研组在肇庆市广东鸿图科技股份有限公司考察。

调研组了解到，近几年广东省在推进县域经济方面进行了积极的实践和探索，取得了明显成绩，积累了可贵的经验。早在 2004 年，广东省委、省政府正式提出发展县域经济的总体目标，即县域生产总值、人均生产总值年均增长分别为 10% 左右，地方财政一般预算收入年均增长 11.5% 左右。当年 5 月，广东省委省政府出台了《关于加快县域经济发展的决定》。2005 年，出台了《广东省第一批扩大县级政府管理权限事项目录》，赋予县（市）更大的自主权和决策权，下放了 214 项权力。在这些政策措施的推动下，近年来县域发展加快，主要经济指标增速均已高于全省水平，产业升级加快，县域资源和劳动力优势对降低成本作用明显，产业效益较高，县域吸纳投资的能力明显增强，投资大幅上升，农业生产稳中有升，农民收入显著提高。2006 年，县域农村居民人均纯收入增长 9.5%，增幅比全省高 2.1 个百分点。据了解，2006 年，广东省县域人口占 47%，地区生产总值占 17.9%，财政收入占 6.7%，在县域经济比较薄弱的基础上能够取得这样大的成绩，是很不容易的。广东省县域经济所取得的成绩十分令人鼓舞，所创造的经验也具有普遍意义。

调研组来到著名的荔枝之乡——增城市。其县域经济基本竞争力从 2003 年以来均列全国第 19 位、广东省首位。在产业布局上逐步形成"三个经济圈"：南部以新塘为龙头，发展组团工业，促进产业集群发展，推动形成制造业产业圈；中部以增城市区为重点，完善城市功能和公共服务设施，营造创业安居的好环境，形成城市生活圈；北部以白水寨省级风景名胜区为龙头，整合派潭、小楼、正果北部镇街约 800 平方公里地区营造南国乡村生态大公园，形成都市农业与生态旅游圈。5 月 10 日，增城市委书记朱泽君就该市县域经济发展情况向调研组作了介绍。他提到"根据当地的实际情况,增城市提出'增城农民的根本出路在于不当农民,增城农村的根本出路在于转移农民,增城农业增效的根本出路在于减少农民'。"听取汇报之后,何鲁丽主席表示赞同增城市领导的看法,她说,"发展县域经济不能搞一刀切,要因地制宜,一切从实际出发。"坚持从当地实际出发,充分发挥资源优势,把资源优势转化为发展优势,大力发展县域特色经济,并形成县域经济特色。这是调研组通过考察形成的一个基本观点。

2007年5月14日,调研组在肇庆市德庆县悦城镇旧院生态文明村考察

德庆县县长吴宪平向调研组介绍了当地发展县域经济的做法,"我们县政府连续4年到北京人民大会堂、钓鱼台国宾馆召开新闻发布会,

参加国际性的、全国性的各种果蔬展览会，每年组织种果大户和销售大户到全国各地考察市场，以推介我们种植的柑桔，把贡柑、砂糖桔作为本县特色农业主导产业扶持发展，大力发展现代效益农业……"德庆县位于粤中西部，"八山一水一分田"，是典型的山区县。德庆县在县域经济建设中是"农"字当先，以"农"为中心，以建设中国现代效益农业强县、林产化工强县和旅游强县为抓手。他们把县域经济发展和新农村建设紧密结合，这样的做法对于以农业、农村经济为主的县份来说，很有典型意义。

"加快县域经济发展，工业发展实现了新跨越……"在当地政府关于县域经济发展的材料中，这些语句会经常出现在材料的显著位置。这引起了调研组的关注。对此，调研组感到，把发展县域经济等同于县域工业，这样的认识是值得注意的。调研组认为，发展县域经济不等于工业化。为此，周铁农常务副主席指出，发展县域经济，有条件的地方要加快工业化、城镇化建设，这是正确的，但县域经济不是县域工业，更不是县级经济、县级财政，工业化不能代替农业现代化；至少在现阶段，新农村建设不是城市化，减少农民不是也不可能消灭农村，打破城乡二元体制的目标是实现城乡经济社会统筹协调发展，不能用发展城市的思路解决农村的问题。更多的县域必须在发展特色经济的基础上着力发展现代农业，提高农业经济的质量和发展水平，增加农民收入，开拓农村市场，提高农村劳动力素质，提高农民组织化程度，建设社会主义新农村。

5月13日晚，在马不停蹄的考察间隙，调研组召开了一次"研讨会"，调研组成员交流了调研体会和感受，对调研中听到的意见和看到的问题进行了梳理。在调研过程中召开这种小型"研讨会"一直是民革的传统，对相关资料进行阶段性整理，组织专家们交流意见，为调研报告确定基本方向和思路。周铁农常务副主席，调研组成员民革中央副主席朱培康，民革广东省委主委周天鸿、副主委赵政，中国发展基金会副秘书长赵树凯，国家农业部农经司巡视员刘登高，中国社会科学院农村发展研究所研究员于建嵘及民革中央调研部领导同志等参加了研讨。调研组对现阶段我国县域经济发展形成了一些共识，发展县域经济需要加快改革，主要是财政体制改革、金融体制改革、完善土地政策、县域经济增长方式、实施人才强县战略、发挥县级政权作用等方面的改革。

2007年5月14日调研组在肇庆市德庆县生态文明村考察

对广东省在推动县域经济发展方面形成的一些具有普遍意义的经验，调研组给予充分肯定：一是坚持以科学发展观统揽县域经济发展全局。二是从县域经济的农村性出发，着眼于以工业化、城镇化和农业产业化解决"三农"问题，推进社会主义新农村建设。三是从县域经济的区域性和不平衡性出发，着眼于统筹城乡协调发展，建立以城带乡、以工促农的体制机制。四是着眼于提升县域发展的自主性，着力推动体制创新。五是着眼于提升县域发展的自觉性和科学性，强化区域发展规划的先导作用。六是着眼于调动县级党委、政府发展县域经济的积极性和主动性，加强县级领导干部的交流和培养。

调研组在肇庆市广东鸿图科技股份有限公司考察

调研组回京之后，将收集到的资料进行汇总整理，形成调研报告上报给中共中央、国务院，并于2008年3月以民革中央名义，向全国政协十一届一次会议提交了《关于加快县域经济发展的建议》的提案。提案认为，中共十六大以来中央对发展县域经济所作出的一系列重要决策是正确的，我们应当抓住当前有利时机和条件，进一步推进我国县域经济社会的建设发展。现阶段我国县域经济虽然发展很快，但就现代化建设而言总体上仍处于起步阶段，总量不大，实力不强。现阶段县域经济发展中突出存在的制约因素有：一是县域金融等要素制约明显；二是县级政府责权不对等；三是人才严重匮乏。为加快县域经济发展，提案建议：第一，财政体制改革的问题，加大对落后地区的投入，同时应充分考虑各地财政和经济社会发展的实际，尽量免除地方资金配套，对一些必须要求配套资金的项目也有所区别地降低地方配套比例；第二，优化县域金融，需要加大金融对县域经济发展的服务力度；第三，完善土地政策，努力提高土地利用的质量和效益；第四，坚持农业基础地位，必须在发展特色经济的基础上着力发展农村经济，发展现代农业；第五，县域经济的增长方式，必须坚决全面贯彻落实科学发展观，走又好又快的集约化发展道路；第六，实施人才强县战略；第七，发挥县级政权作用，赋予县级政权更大的自主权和决策权，充分激发县级政权的活力。

民革中央提出的提案受到了全国政协的高度重视，民革中央应邀参加了全国政协举办的提案现场办案座谈会。提案所提建议特别是第四条建议"坚持农业基础地位，必须在发展特色经济的基础上着力发展农村经济，发展现代农业。"被认为是一个非常重要的观点，对县域经济的发展具有指导性的现实意义。国家财政部、农业部、人力资源和社会保障部等与会的国家部委负责人，一致认为民革中央所提建议很重要，主持办案会的全国政协提案委员会副主任王孝询也表示赞同，他认为把县域经济发展与新农村建设结合，符合实际，体现了以人为本，统筹协调全面可持续发展的科学发展观。2008年9月，国家发展与改革委员会、财政部、国土资源部、银监会、中编办就民革中央的提案专函作了答复。来函认为，民革中央在提案中反映的情况是符合当前县域经济发展实际的，提出的建议正确反应了加快县域经济发展的方向。

（刘敏执笔）

中国民主同盟简介

中国民主同盟（简称民盟）是中国共产党领导的爱国统一战线的组成部分，是同中国共产党通力合作的参政党，是主要由从事文化教育以及科学技术工作的高、中级知识分子组成的，具有政治联盟特点的，致力于建设中国特色社会主义事业的参政党。

民盟于1941年3月19日在重庆秘密成立，当时的名称是"中国民主政团同盟"。1944年9月，中国民主政团同盟改组为"中国民主同盟"。1948年1月，民盟在香港召开一届三中全会，公开宣布同中国共产党携手合作，为彻底摧毁国民党反动政府，实现民主、和平、独立、统一的新中国而奋斗。

新中国成立后，民盟在中国共产党的领导下，积极参加新中国人民政权工作和国家事务管理，推动盟员和盟所联系的知识分子努力为社会主义建设事业服务，特别是在参加国家文教建设方面，发挥了重要的作用。

进入新的历史时期以来，民盟在中国特色社会主义理论的指引下，坚持与中国共产党"长期共存、互相监督、肝胆相照、荣辱与共"的方针，坚持中国共产党领导的多党合作和政治协商制度，加强自身建设，积极履行参政党职能，为把我国建设成为富强民主文明的社会主义现代化国家，为新时期统一战线的巩固和发展，为实现祖国和平统一贡献智慧和力量。

民盟历届中央委员会主席为黄炎培、张澜、沈钧儒、杨明轩、史良、胡愈之（代主席）、楚图南、费孝通、丁石孙。现任主席为蒋树声。

并不遥远的海峡

——关于马六甲海峡提案的前前后后

民盟中央

  2008年10月国家海洋局和全国政协提案委员会联合举办了一次有关海洋事业提案落实情况座谈会。出席会议的有发改委、交通部、海军、气象局、科学院和部分提交提案的单位及领导。

  会上，海军的同志在发言中，高度评价了民盟中央2008年3月全国政协大会上提出的"关于加强南海、马六甲、印度洋能源大通道环境研究的提案"。他补充道：由于这个提案是由海军落实完成，部分内容涉及国家机密，就没有宣传这个提案，也没有给你们答复。但是，我们海军很感谢民盟中央提出了这个重要问题，对我国的海上运输、海上通道的安全将产生积极的作用。

  我们当时也没有想到，这个看上去很普通的提案竟会受到政府高度重视。由于提交后一直没有反馈，还以为全国政协大会结束后，这件事情就无声无息了。

  说起这个提案，也有一个我们海洋意识的觉醒过程。

2007年，民盟到福州附近的平潭岛调研福建对台湾的开放问题。这是第一次踏上大陆距离台湾最近的地方。

去平潭岛考察主要理由两条：

一、这里是距离台湾最近的地方，从福建的平潭岛到台湾的新竹，直线距离约120公里，海峡的海底地势平坦，海水普遍深度在80米以内。

二、平潭岛上的居民很早就开始和台湾同胞进行海上以物易物的贸易。平潭岛大陆渔民打到了鱼在海上和台湾的渔民进行交换，那时大陆上罕见的电子手表、小录音机等电子产品在台湾很多很便宜，这样的交换双方都很满意，平潭岛的渔民回来卖电子产品比卖鱼挣钱多许多，成为了岛上最早富起来的一批人。通过这些渔民可以了解到台湾老百姓的真实想法。

到了平潭岛，先带我们去了原名"老虎山"，现名"将军山"的一个海拔100多米高的小山头。站在山顶瞭望塔上，陪同的当地人随便用手往正东面一指：那边就是台湾。

我瞪大了眼睛使劲往东边看，看到的除了海还是海，问他们道："怎么看不到台湾啊？"

他们笑了，说："隔着120公里的海，你眼睛再能看也是看不到台湾的。"

我说："还要120公里才能到台湾？台湾好远！"

他们答道"对我们海边上的人来说，120公里很近，一点都不远，你没看到吗，海那么大，还在乎这100多公里。解放后两边打炮，两边的人断绝了来往，以前两边的人是亲戚，经常走动，顺风顺水的时候从平潭岛到台湾用的时间比到福州还要少……很近！"

我瞭望的大海就是台湾海峡，听他们抒发对海的感受，忽然意识到，海的远近不仅是地理位置上的差别，也是心理位置上的差别，心理意识中很远的海，很远的海峡，很远的台湾其实说远很远，说不远就一点也不远。

以前觉得大海远，和历史文化积淀有关。中国人接受的多是黄河文化，对大海总感觉遥远陌生。古人造字，海字从"晦"从"水"，在我们祖先的观念里，海就是很大很隐晦的水。

中国的皇帝以天子自居，秦始皇到了泰山很高兴，爬上去以后觉得自己和天离得更近了，更像是天的儿子，然后举行了很隆重的封禅仪式，后来的许多皇帝也都延续了封泰山的活动。秦始皇也到过海边，在海边说了什么历史没有记载，后世的皇帝好像也都没有对大海表示过什么好感。

在威海有处突出到海里的景点叫"天尽头"——天都没办法再往前延伸了。潜意识里对大海有种无可奈何的敬而远之。当地民俗传说："诸君来到天尽头，从此好运不再有，百般希望到尽头，秦始皇来此求长生不老药后，回去即死。"

海南岛三亚有两块海边巨石，上面刻写着"天涯"、"海角"，意思是到了最边上了，不能再往前走了。

这些石刻和景点的名字显示出中国大多数人把海都看成很遥远、神秘、甚至危险的地方。

海边的人们不然，从刚才的对话里就可以感觉到，海边的人对大海充满了感情，没有一般内陆人对海的恐惧、陌生、隔膜。大海就是他们的故乡，他们的家，他们的田地。渔船就是他们的热炕头，他们感到大海亲切，对大海充满了感情。

遗憾的是，我们的祖先对大海的认识一直很局限，欧洲的葡萄牙、西班牙、荷兰在争当海上马车夫的时候，我们的祖先却在自毁自己的海上马车。

大海在曹操眼里："东临碣石，以观沧海。水何澹澹，山岛竦峙。"

大海在唐朝诗人刘禹锡眼里："八月涛声吼地来，头高数丈触山回，须臾却入海门去，卷起沙堆似雪堆。"

大海在苏轼眼里："欲识潮头高几许，越山浑在浪花中。"

大海在清朝诗人陈去病眼里："海上波涛回荡极，眼前洲渚有无中。云磨雨洗天如碧，日炙风翻水泛红。"

……

大海在中国，很长时间里是古人触景生情的景致，是文人借海抒情的媒体，是壮士以海咏志的对象，是恋人发誓比喻的例子。

改革开放后的中国，进入新时期，中国对大海中蕴含的巨大经济利益、对大海在经济发展中的巨大推动作用，才认真关注起来的。大海才开始为中国的崛起激起它那汹涌澎湃的巨大能量。中华民族的未来进程中，大海将担当越来越重要的角色。

大海不遥远，台湾海峡也不遥远。遥远的是我们对海洋不理解的那颗心，遥远的是我们对海洋漠视的意识。

俱往矣！未来只是看起来遥远，当朝着目标坚定地走去时，再远的距离也只会越走越近。

有了这样的思想转变，我们确定2008年"第4届民盟沿海省市海洋经济研讨会"在广东湛江召开，议题之一是"中国海洋安全"。这次研讨会上，国家海洋局南海研究所的副所长、研究员施平提交了关于马六甲海峡问题的提案。

关注马六甲海峡的不仅仅是中国。

美国本土距离马六甲海峡最近直线距离也要在 10000 公里以上，尽管距离远，也没有降低美国对马六甲海峡的关注程度。在美国的一份关于海峡的文件中，根据美国全球战略要求，美国把马六甲海峡列在必须控制的海峡中的前几位，足见马六甲海峡的重要性。马六甲海峡是连接印度洋和太平洋的纽带，是美国东北亚和西南亚重要战略地区的中间环节，以致，美国不仅想利用马六甲海峡，还在力争控制马六甲海峡。如果美国掌握了马六甲海峡就等于控制了有关国家的海上通道，确保了美国在国际竞争中和未来可能发生国际冲突中的优势战略地位。

马六甲海峡和中国本土的最近直线距离只有 2500 公里。但马六甲以往在中国人的心目里是遥不可及的地方，中国的古书里动不动就提到爪哇国，借指遥远虚无之地。《红楼梦》刚开章就预示探春远嫁天边，命运凄惨。书中道："一帆风雨路三千，把骨肉家园齐来抛闪。"探春凄惨在于远嫁到了爪哇国，爪哇国比马六甲距离中国还近些，如果和古人说马六甲海峡那就更远的不可思议了。

现在马六甲海峡不但离中国并不遥远，相反就像回家路上，家门口附近必须经过的一个狭长通道。

为什么这么讲？

进入工业化社会以后，维持经济体运转的血液是石油。中东运往亚洲的石油，2002 年的时候就已经达到每天通过马六甲海峡 1100 万桶。专家预测到 2030 年，马六甲海峡每天的石油流通量将达 2200 万桶。中国已经是世界上第 2 大石油进口国。中国为了石油进口的安全，在世界范围内扩大石油来源，以免受制于人。我国石油进口大部分来自于波斯湾、非洲、东南亚、澳大利亚。进口原油的4/5要通过海运并经过马六甲海峡。21世纪以后据有关单位测算，每天通过马六甲海峡的船只近6成是运输中国货物的船。

据有关数据："从2004年开始，日本每天从中东进口的石油约为60万吨，全年石油进口总量约为2.4亿吨，这些石油的70%经马六甲海峡到日本。"所以，日本人公开说马六甲海峡是日本的生命线。

需要注意和制定预案的是：中国、日本、韩国以及我国台湾等国家和地区的海上石油供应线与欧洲往返的海上贸易线正好在马六甲区域重叠。

该提案认为：随着我国进出口贸易的需求持续加大，马六甲海峡也是中国的生命线。中国除了一定数量的石油运输要经过马六甲海峡，中国从海外进口的其他物资，中国出口到欧洲、非洲的大量工业品，也都要通过马六甲海峡。确保海上能源安全、海上贸易运输线安全问题成为关系到国家经济社会发展的关键。其中南海—马六甲—印度洋航线是最需要关注的海上运输线。

用发展的眼光看海上交通，无论商务航运还是军事行动的安全需要，都需要了解把握航线及其邻近海域环境变化情况，包括对海洋环境变化特征的分析、环境现状的监测、未来变化过程的预测预报。我国作为海上运输大国，在新的国际形势与国内局势下，需下大力气加强南海—马六甲—印度洋的海洋环境监测与预测研究，从而为确保我国能源开发，海上运输线安全以及国防安全打下坚实基础。

相对大西洋和太平洋来说，国际上对印度洋海洋环境的调查研究程度和认识水平都较为落后。我国应该积极面对挑战，采取有力措施，尽快在南沙群岛和西沙群岛部署海洋环境高技术监测能力的研究试验，在西沙群岛和南沙群岛建设海洋环境研究试验台站，开展从海面到海底的海洋环境高技术监测试验研究，形成先进的连续动态监测能力，并为我国开展深海研究提供高技术试验基地。加强马六甲海峡和印度洋海域海洋环境的科学考察与研究，部署建设南海—马六甲—印度洋能源大通道的海洋环境信息保障体系，逐步形成南海—马六甲—印度洋海洋环境安全自我保障能力。

新加坡附近马六甲海峡的出口

历史上中国多次穿行过马六甲海峡，并和沿岸国家建立了良好关系。15世纪初明朝永乐年间，郑和率领庞大的舰队，穿过马六甲海峡，上岸走访过附近的部落和国家。并勇往直前驶过浩瀚的印度洋，将中国的影响留在了西亚和东非。就是今天我们去马六甲海峡沿岸国家，还能看到保留下来的古华人墓地，有些墓主人可以追溯到随同郑和下西洋的岁月。马六甲海峡东出口的新加坡早在公元1330年以前就和中国有了往来，元代中国航海家汪大渊1330年到过新加坡岛，见到过许多生活在"单马锡（新加坡）"的华人。他在所著《岛夷志略》一书中将这地方称为"单马锡"。绘制于明代宣德五年（1430年）的《郑和航海图》把新加坡称为"淡马锡"。

从新加坡往西就是现在世界上几个大国都虎视眈眈盯着的马六甲海峡（Strait of Malacca），位于马来半岛与苏门答腊岛（属于印度尼西亚）之间。海峡因沿岸有马来西亚古城马六甲而得名，是连接太平洋与印度洋的国际水道，在中国海南岛的西南方向。

马六甲海峡现由新加坡、马来西亚和印度尼西亚3国共同管理。马六甲海峡呈东南——西北走向。西北端是印度洋的安达曼海，东南连接南中国海。海峡全长约1080公里，西北部宽达370公里，东南部窄处只有37公里，水深23至150米，马六甲海峡的东南出口泥沙比较多，对航道的水文有较大影响，水道深浅多变、宽度较窄，其中还有沙滩和沙洲，浅于23米的地方就有37处，由于这个地区雨水丰富，在雨水冲刷下两岸泥沙还不断向海峡内淤积，两边的海岸线每年向海峡内多了延伸近500米，少了也有60米。加上过往的一些沉船没及时清理，也妨碍巨型油轮通行，不断发生巨轮搁浅事件，是比较复杂的航道。不足中的长处是马六甲海峡位于赤道无风带上，风力很小，高温多雨，航海人都称赞马六甲海峡是风平浪静的海峡。

目前20万吨以上油轮在马六甲海峡里越来越难通过，只得在路过马六甲海峡附近海面时继续南下，绕过印度尼西亚苏门答腊岛的西部，然后沿苏门答腊岛的南部往东南走，去穿过龙目海峡或巽他海峡再转道南海的航道。绕这么个圈要多航行2000多公里，增加了运费，延长了时间。

新加坡马六甲海峡边的港口

龙目海峡是印度尼西亚龙目、巴厘两海岛之间的海峡，长约80公里，海峡最窄处近40公里，水深1200米以上，最深处达1306米，无暗礁。龙目海峡是西太平洋连接印度洋的又一重要通道，也是从亚洲到大洋洲的重要通道。在中国汕头的几乎正南方，距离汕头3600公里，距离中国海南岛3100多公里。近几年来，由于通过马六甲海峡的大型油船和舰艇越来越拥挤，加上沉船、流沙、淤泥使航道多变，很多大型船只得转行这里。龙目海峡由此成为世界性的海运门户，其战略地位与日俱增。可以说，龙目海峡是马六甲海峡的重要补充和组成部分。

马六甲海峡、龙目海峡以外，还可以选择巽他海峡，在苏门答腊岛和爪哇岛之间，是进出印度尼西亚的爪哇海与印度洋的航道，也是太平洋北部地区的国家通往东非、西非或绕道好望角到欧洲航线上的航道。和四川自贡几乎同一经度，距离中国海南岛2700多公里。郑和率领的远洋船队也曾经穿过此水道。巽他海峡长约73海里，西南口宽

179

约64海里，东西口宽约16海里，水深200~1700米。巽他海峡东部最浅处仅20米，加上出现了沙州、风大浪高，爪哇岛近海发现了石油，巽他海峡平白又出现了钻井平台，成为了大型船只通过的障碍。尽管如此，巽他海峡和龙目海峡都是美国准备控制或有一定控制的16个战略咽喉要道之内的海峡。

1869年苏伊士运河贯通，大大缩短了从欧洲到亚洲的航程。通过马六甲海峡的船只急剧增加。近年来已经达到每天平均通过的船有250多艘，全年通过近10万艘的程度，而且还保持着一定的增长速度。成为世界上仅次于英国和法国之间的多佛尔海峡、英吉利海峡外最繁忙的海峡。马六甲海峡无论在经济或军事上，都是重要的国际水道。其重要性不亚于苏伊士运河或霍尔木兹海峡。

马六甲海峡沿岸国家还有马来西亚、泰国；在海峡的西北口有部分岛屿属于印度所有，加上印度尼西亚和新加坡，马六甲海峡沿岸的政治形势也随同航道一同复杂起来。沿岸国家的政治态度并不一致，有的已经引进强大外国势力帮助管理控制海峡，也有的国家强调对马六甲海峡要拥有完全的主权，自主管理。由于马六甲海峡不仅仅是沿岸国的海峡，还关联世界上其他许多国家的根本利益，关系到全球经济发展的未来，目前各种势力达到了某种均衡，相安无事，海峡还能正常航行。

印度的《展望》杂志曾经说："印度把马六甲海峡看成从印度洋进入太平洋的一扇大门，看成印度政治、经济和外交全面实施'东进战略'的必经之路。从军事角度看，印度海军要控制进出印度洋的五大海峡，而马六甲海峡位于首位。"

印度如此，其他国家对马六甲海峡也都各有各的想法，目前马六甲海峡的风平浪静并不意味着对这种态势不需要中国花费力气维护。

据悉，我国在东亚国家中展开了许多扎实工作，这些工作包括在友好国家建设油轮码头，以缓解马六甲海峡的运输压力和降低中国对马六甲海峡的依赖程度。但是在今后相当长的时间里，中国仍将使用马六甲海峡这条海上运输通道，我们要对马六甲海峡的未来复杂前景有充分估量。中国在马六甲海峡有许多基础性的工作要作，除了和沿岸国保持良好的关系，积极支持沿岸国自主控制管理马六甲海峡，设法参与、维护马六甲海峡的安全，确保海峡的航道畅通，都是中国必须面对的重要课题。还需要对那里的水文、水下地质、地貌等资料进行收集整理研究，以应对可能发生的复杂情况，为水面舰船和水下航行器提供航行资料。

2500公里对许多欧洲小国来说，可以穿行好几个。航海动辄就是绕过半个地球，就是上万公里，这样看，马六甲海峡不但距中国领海很近，是往西航行的必经之路，去非洲、欧洲过印度洋马六甲海峡是捷径，否则，走龙目海峡、巽他海峡都要多绕2000至2500多公里。一旦马六甲海峡被国际势力采取措施不能通行时，龙目海峡和巽他海峡也不会风平浪静，这都将直接影响到中国绝大多数轮船的正常航行，并会导致经济出现大麻烦。在当前国际局势变数不定的情况下，上述三个海峡的航道都可能由于战事的威胁而被阻断。

马六甲海峡离中国虽然不像距离印度那么近，但对已经融入了经济全球化的中国来说，中国关注马六甲海峡的安全就不是一件可以掉以轻心的事情了。

民盟中央的提案及时准确地关注并反映了这个重要的问题。

（刘骆生执笔）

中国致公党简介

中国致公党是以归侨、侨眷中的中上层人士和其他有海外关系的代表性人士组成的，具有政治联盟特点的，致力于建设有中国特色社会主义的政党。

中国致公党由华侨社团美洲致公堂发起，于1925年10月在美国旧金山成立。建党以来，致公党致力于维护华侨的正当权益，关注民族独立和祖国富强。抗日战争开始后，致公党号召广大党员投身抗日，积极支援祖国的抗日战争。1947年5月，致公党在香港举行第三次代表大会，进行改组，从此走上了接受中国共产党的领导和新民主主义革命的道路，为新民主主义革命和建立新中国，为社会主义建设事业，为推动改革开放和祖国统一大业作出了积极贡献。

中国致公党以《中华人民共和国宪法》为基本准则，独立自主地开展活动。长期以来，致公党作为参政党，始终坚持和完善中国共产党领导的多党合作和政治协商制度，在国家政治生活中发挥了重要作用。

改革开放以来，中国致公党充分发挥与海外联系广泛的优势，积极、主动地开展多层次、多渠道、多领域的对外联谊工作。

致公党成立至今，已召开13次全国代表大会，历届中央委员会主席为陈其尤、黄鼎臣、董寅初、罗豪才。现任主席为万钢。

促进海岛保护立法

——致公党中央促进海岛保护立法的提案背后的故事

致公党中央

中国是海洋大国,也是一个海岛众多的国家。在300多万平方公里的管辖海域中,500平方米以上的海岛有6900多个,面积不足500平方米的海岛更是数以万计。这些海岛是海陆兼备的重要海上疆土,是海洋生态系统的主要组成部分,其资源、环境及经济社会活动与周围海域融为一体,海洋价值突出,但生态极其脆弱。随着我国海洋经济的高速发展,各行各业对海岛资源需求的不断增长,特别是近年来,我国无居民海岛开发活动逐步兴起,严重破坏海岛地形地貌的行为时有发生。根据海岛调查数据,上个世纪90年代初期,东南某沿海省原有海岛1546个,到2005年,因炸岛和围海造田等原因就消失了83个;北方的某沿海省原海岛数量为132个,到2005年仅存72个,减少数量占原海岛总量的46%。南海的许多珊瑚岛,受挖掘和自然侵蚀的影响,已面临灭失的严重威胁。由于有关海岛管理的立法相对滞后,因而长期处于开发无度、利用无序的状态，严重影响了海岛资源的可持续利用和健康发展。为了依法加强海岛的综合管理，合理开发利用海岛资源，保护海岛生态环境，促进海岛及其周围海域的可持续利用，加速海岛管理立法工作进程，是十分必要的。

面对这种状况，2008年全国政协第十一届一次大会上，致公党中央的一份提案牵动了社会各界的目光。这份提案名为《关于加快海岛保护立法进程加强海岛开发保护管理的建议》，提案指出：海岛立法是依法管理海岛的基本前提，加强立法工作的同时，要积极健全有关海岛管理、保护、开发等方面的规章制度，形成较为完善的法律规章制度体系，保证海岛事业在完善的法律制度体系下可持续发展。

2009年初国家海洋局印发《2009年海域和海岛管理工作要点》，这份《工作要点》指出，2009年要加快海岛法制建设进程，积极协助全国人大环资委推进海岛立法工作，全力保障《海岛保护法》出台，并组织开展相关配套制度建设，建立健全海岛管理法律法规体系。目前，《中华人民共和国海岛保护法（草案）》已经提请全国人民代表大会常务委员会审议，一部促进海岛保护与发展的法律呼之欲出。

许多人可能并不知道，海岛立法的背后，凝聚着致公党中央领导人从北到南，连续三年深入调研的心血和汗水。

"东部的西部"：海岛发展问题

海岛问题由来已久，致公党中央副主席杨邦杰最早开始关注海岛是因为渔民的生计问题。1996年至2005年，杨邦杰在农业部从事规划设计和资源监测工作，常常有去海岛或港口调研视察的机会，甚至到西非调查远洋渔业。他发现由于近海过度捕捞，必须出远洋，渔民为了打鱼要在海上漂荡一年之久，有的要到西非这样遥远的地方去。

沿海和海岛渔民的民生问题使杨邦杰等人把目光投向了海洋和海岛。他们注意到，由于客观因素的制约，海岛地区各项基础设施建设滞后，医疗卫生条件、水、电、道路较差，经济相对落后，是"东部的西部"。例如，舟山市摘箬山岛目前户籍人口虽有266人，但实际只有8个人常住岛上。留守的农民反映，一旦感冒，需要租船到大陆看病，往返租船费就超过200元。就连经济情况较好的宁波市，也只有大岛交通、水电等有保障，南田、高搪等小岛的用水管线没有与大陆联网，夏季用水严重不足，需要通过船运和定点限量供应来缓解。

海岛问题不仅事关民生，而且意味着海洋国土的安全和海洋资源的归属。根据1994年生效的《联合国海洋公约》：一个岛礁的主权归属可以决定拥有1550平方公里的领海主权，一个能维持人类居住或者其本身的经济生活的岛屿可以拥有43万平方公里的专属经济区及该区域内的生物和非生物资源。我国有6900多个面积超过500平方米的海岛，有上万个500平方米以下的海岛，这正是确立我国300万平方公里海域的重要基础。对此，杨邦杰等致公党人有着深刻的认识，如何促进海岛保护和开发，为民生谋福祉，为国家谋发展，也是萦绕在他们心头的一个重要课题。

为此，致公党不断地为海岛保护和开发积极建言献策。

三年调研行：从北方到南方

从祖国大地的北方到南方，一串串足迹表明了致公党针对海岛保护和开发的不懈努力：2006年，致公党中央副主席吴明熹在山东东营、日照、青岛等地开展专题调研，2007年致公党中央副主席吴明熹、杨邦杰对广东珠海、湛江和广西北海等地的海岛进行考察，2008年致公党中央常务副主席王钦敏、副主席杨邦杰赴上海、浙江舟山、宁波等地调研，形成《致公党中央开展海岛保护与开发政策调研报告》等三份调研成果。

2008年王钦敏（左四）、杨邦杰（左五）一行在洋山深水港调研海岛保护问题并与当地人员合影

在调研中，看到了令人欣喜的事实：20世纪90年代以来，国家海洋局在全国海岛综合调查工作的基础上，先后建立了辽宁省长海县、山东省长岛县等3批海岛开发、保护和管理试点，国家还相继建立了大洲岛海洋生态保护区、三亚珊瑚礁自然保护区等一大批海岛自然保护区。

调研中还发现，我国也不乏海岛保护和开发得当的例子。例如位于广东湛江的特呈岛自有历史记录的800年来一直缺淡水，岛上渔民被饮水难、行路难、卖鱼难、避风难等问题所困扰。当地政府投入资金修建码头、道路、电网、自来水管，使几大难题都得以解决。渔民还开展生态农家乐、渔家乐等旅游服务，不少家庭年收入超过6万元。一个生态环境幽雅、人民安居乐业的新海岛呈现在世人面前。

尽管如此，我国海岛保护和开发中总体上仍然存在一些问题。杨邦杰副主席神情凝重地讲起了三次调查中的见闻："我在东南沿海某地调研时看到，一个原本风景秀丽的小岛，2003年原有居民110人全部搬迁，整岛被开发建设成5星级酒店，岛体基本被削平，并全部由建筑物和道路覆盖，完全见不到海岛的原始风貌，成为一座海上漂浮的酒店。"

不仅如此，历史上东南沿海一些地方的海上采石场较多，海岛山体被挖被炸的情况普遍，海岛资源和景观破坏都很严重。近年来，填海造地活动又造成一批岛屿被连岛成陆，海岛数量减少。

另外，我国特殊海岛保护不力。在我国已经公布的77个领海基点中，位于海岛上的领海基点有75个，其中有66个设在无居民海岛上；有的海岛上设有各种等级的基线点、重力点、天文点、水准点、全球卫星定位控制点等设施和标志；有的海岛具有典型性、代表性的生态系统，保存了一批独特的珍稀物种；还有的海岛拥有重要的历史遗迹和自然景观。可这些海岛目前却普遍缺乏有力的保护措施，一些海岛已经遭到严重破坏。

源于实际的调研报告当然分量非同一般。全国人大常委会和法制工作委员会在专门答复中表示，致公党中央根据海岛调研所写的提案"符合我国目前海岛保护管理的实际情况。提案提出的增强海洋国土意识与公众教育，制定国家海岛开发、保护和管理长远规划，设立高层次的决策机构与海洋执法监察队伍，加快海岛立法等四个方面的建议，对加强海岛保护管理具有较强的针对性。"

要保护，先立法：海岛保护立法正在进行中

作为全国人大常委，杨邦杰副主席对立法的重要性有着非同一般的认识。这种认识也来自对目前各地纷纷设立地方性海岛相关法规的担忧：广东省珠海市万山海洋开发试验区在2000年就曾出台《关于加强无居民海岛开发保护管理规定》；宁波允许个人投资无人海岛；青岛发文禁止单位和个人擅自开发无人海岛……由各地人民政府发布的无居民海岛管理政府规章和规范性文件已经多达数十个，涵盖了全国无居民海岛数量的50%以上。

"地方性法规有允许开发的，有不允许开发的，产权各地规定不一。必须规范海岛开发行为。"杨邦杰副主席说，让他忧心的是我国的海岛立法已经远远落后于其他国家。"日本、美国、澳大利亚、加拿大、韩国等国都对海岛进行了立法。早在20世纪70年代，日本就出台了《孤岛振兴法》，我国2003年出台的《无居民海岛保护与利用规定》与之目的相类似，可它不仅整整晚了30年，而且只是一个部门规范，不属于法律规定，缺乏可操作性。"

为此，在2008年在全国政协十一届一次大会上，致公党中央提交了《关于加快海岛保护立法进程加强海岛开发保护管理的提案》，在全国政协十一届二次常委会上致公党中央还提交了《海岛立法势在必行》的书面发言。作为全国人大常委，杨邦杰副主席还在人大常委会上提出了《关于尽快将海岛保护法提请全国人大常委会审议的建议》。这些建言的中心意思只有一个：希望能尽快针对海岛保护和开发立法。

2008年,致公党中央王钦敏常务副主席(左一)、杨邦杰副主席(左三)在上海考察海监船

这些努力得到了积极的回应。全国人大常委会法制工作委员会在给致公党中央的提案答复中表示:"十一届全国人大常委会拟继续将海岛保护法列入立法规划,目前全国人大环境与资源保护委员会正在抓紧法律案的起草工作,将适时提请全国人大常委会审议。"2009年6月,十一届全国人大常委会第九次会议首次审议《中华人民共和国海岛保护法(草案)》,引起了社会各界的关注。

"致公党中央对海岛的关注不会停止。"杨邦杰副主席说,"这是涉及子孙万代的发展与国家安全的大事。"

我们相信,随着海岛保护法的正式出台,我国的众多"海上明珠",一定会更加夺目,更加璀璨!

(执笔人 董巍伟)

九三学社简介

九三学社是以科学技术界高、中级知识分子为主的具有政治联盟特点的政党,是接受中国共产党领导、与中国共产党亲密合作、致力于建设中国特色社会主义事业的参政党。

九三学社的前身为抗日战争后期一批进步学者发扬"五四运动"的爱国精神,以民主、科学为宗旨,在重庆组织的"民主科学座谈会"。后为纪念1945年9月3日抗日战争和世界反法西斯战争的伟大胜利,定名为"九三学社"。其后,九三学社秉承爱国、民主、科学的优良传统,团结广大科技工作者和其他各界知识分子,同中国共产党亲密合作、为我国的经济、政治、文化、社会发展和我国社会主义多党合作事业发展作出了重要贡献。

近年来,九三学社积极履行参政议政、民主监督职能,就"非典"防治、生态保护、科技人员待遇、高校毕业生就业、改进医疗卫生工作等重大问题,深入调研,积极建言献策,为制定有关政策提供了重要依据;充分发挥科技界人才密集的优势,围绕提升企业自主创新能力、实施国家知识产权战略等课题进行调研,提出了许多有价值的意见和建议,为我国科技创新和发展提供了有益参考,为推动中国特色社会主义事业发展、坚持和完善中国共产党领导的多党合作和政治协商制度作出了积极贡献。

九三学社现有30个省级组织,先后拥有162位中国科学院院士(学部委员)与中国工程院院士。九三学社历任主席为许德珩、周培源、吴阶平,现任主席为韩启德。

"全民健身日"的诞生

九三学社中央

2009年8月8日是国务院确定的第一个全民健身日。当天上午，第一个全民健身日启动仪式在北京奥林匹克公园内的国家游泳中心"水立方"举行。同时，全国各地举行了丰富多彩的全民健身活动。全民健身日的诞生与全国政协委员、九三学社中央委员茅玉麟的不懈努力密切相关。

健身日　提出来　动起来

全民健身日的设立充分体现了党和政府对人民群众身体健康和生活幸福的亲切关怀，是对中华民族实现百年奥运梦想庄严时刻的最好纪念，是北京奥运会遗产全民化、社会化、制度化的生动反映，是促进"全民健身与奥运同行"长效化、机制化，提高全民族健康素质的重要举措，是更加充分地发挥体育的综合效益和巨大社会作用的重要杠杆，是我国由体育大国向体育强国迈进的巨大推动力量。"听到国家正式设立全民健身日的消息，我特高兴。这真是众望所归！这个提案只是我作为一名普通中国百姓对奥运精神延续的最朴素情怀。"茅玉麟高兴地说。

"北京奥运会80%的比赛场馆都在北京市朝阳区,我的家和工作单位也在朝阳区,每天我都可以看到鸟巢、水立方的变化,每天都感受着奥运会带来的快乐。"谈到奥运会,茅玉麟仍掩饰不住内心的激动。奥运会只有16天,怎么样把奥运文化、运动精神传承下去,成为那段时间茅玉麟一直在琢磨的问题。

3届全国政协委员,12年政协经历,100多件提案。如今,茅玉麟已是不折不扣的政协"老三届"。作为一名政协委员,每年给政协会议提提案已经成为她的一种习惯。2007年年底,在九三学社的一次讨论会上,通过和社员的交流,茅玉麟首次提出了建议国家设立一个体育节的想法。

茅玉麟觉得,日本、美国等国都有在奥运会后设立体育节日的先例。通过设立节日的方式来促进全民健身的普及,也促使各级政府和社会加大对体育设施建设的投入,提高全民对体育健身的关注度。她说,中国虽是一个体育大国,但还不是一个体育强国。北京奥运会的举办就是一个很好的契机。如果将北京奥运会的开幕日设立为体育节,在这一天形成体育锻炼的热潮既具有历史意义,也能让更多人更好地传承体育精神。

2008年3月在全国政协十一届一次会议上,茅玉麟提交提案,建议将举行北京奥运会开幕式的8月8日设为体育节。三个月后,她收到国家体育总局的公文答复,对她的提案表示肯定和支持。

"我没想到国家竟然这么快就促成了这个活动日的设立。其实我当时的想法很简单,就是希望纪念这个日子,促进全民健身。一年不成就两年,两年不成就三年,只要我还是政协委员,就要一直提下去,直到提案被采用。因为这是大家共同的心愿。"茅玉麟如是说。

我运动　我健身　我快乐

茅玉麟很看重"后奥运"文化。她认为,全民健身日的设立就是后奥运文化的延伸。提倡奥运精神不仅是我们国家综合国力提升的表现,也是社会文化发展的延伸,既有现实意义,也具有历史意义。

在提出设立体育节的提案后,茅玉麟以身作则,每天坚持锻炼,同时发动家人、同事参加锻炼。"我家离单位大概40分钟路程,以前我总是找各种理由偷懒,很少参加锻炼。现在我每天早上7:30起床,先步行到马甸公园去参加锻炼,和大家一起跳跳舞,打打太极,然后走到单位去上班,下班后又走回来。只要有空闲时间,我就会去参加体育活动。都说生命在于运动嘛!"茅玉麟说。

茅玉麟认为,运动精神值得我们每个人推广,每一个公民都有提升综合素质的必要。她觉得,最好把"全民健身日"和国家在1995年推行的《全民健身计划纲要》结合起来,长期有效地推广下去,做大做强健身日的概念,同时做到活动创新,体现出健身日的真正意义。每个人从现在做起,坚持每天锻炼1小时,努力使体育健身成为日常生活的重要组成部分,成为促进人际和谐、社会发展的重要纽带。

"让运动生活化,有了全民健身的氛围就能让更多的人参与,并实实在在地提升国人的身体素质。"茅玉麟说。

(穆建民执笔)

葛剑雄

简 历

葛剑雄，祖籍浙江绍兴，1945年12月出生于浙江湖州。现任复旦大学特聘教授、图书馆馆长。教育部社会科学委员会委员兼学风建设委员会副主任，中国地理学会历史地理专业委员会主任，中国秦汉史研究会副会长，中国史学会理事，上海市历史学会副会长，国际地圈生物圈中国委员会委员。第十一届全国政协委员、常委，上海市政府参事。

从事历史地理、中国史、人口史、移民史、文化史等方面研究，著有《西汉人口地理》、《中国人口史》（第一卷）、《中国移民史》（第一、二卷）、《统一与分裂：中国历史的启示》、《未来生存空间·自然空间》、《中国历代疆域的变迁》等。注重历史地理和文化考察，曾参加中国第17次南极考察队，涉及七大洲和国内各省区，著有《走近太阳：阿里考察记》、《剑桥札记》、《千年之交在天地之极：葛剑雄南极日记》、《走非洲》等。

我有关教育的提案背后的故事

葛剑雄

1964年我高中毕业后就接受师资培训，1965年8月当了中学教师，至今快45年了。虽然中间读了三年研究生，并由中学转入大学，但还是当教师。如果加上从小读书的12年，这一辈子几乎都没有离开学校。

1977年上海市在文革结束后重新召开人民代表大会，我作为闸北区中学教师的代表当选。两年后，市人代会上首次恢复提案。当时，绝大多数代表都是文革后新当选的，还不知提案为何物。我也一知半解，多数提案是为别人代笔然后合署的。但想到自己教师的身份，理应为教育工作着想，我就恢复电影学生场递交了提案。文革前，上海的电影院都在星期日或节假日安排学生场电影，放映有教育意义的故事片或新闻记录片，票价很便宜，团体包场更优惠，是学生重要的课余活动方式。但文革期间能放的电影越来越少，这项制度也不存在了。对我的提案主管部门相当重视，学生场电影不久就恢复了，为此《光明日报》还作了报道，这是我第一次成功的提案。第二年，正逢文革后第一次全面调整工资,研究生中有不少人的工资关系还在原单位(当时还没有在职研究生的名称)。这是停止加工资十多年后的首次,这些研究生是否列入本单位工调对象,读研究生后的时间是否计入工龄,对大家来说至关重要。校内外的研究生同学都要我向有关部门反映,为此我又就此作了提案。尽管这一提案被转为意见,但很快就收到了主管部门的答复,我提的意见都已在考虑之中。

20年后的1999年,我被增补为上海市政协委员,2003年当选为常委。尽管我属于党派(民革)界别,但在这7年间教育仍是我最关注的方面,就提高退休教师的待遇、设立纯公益性教育电视频道、制定义务教育的最低和最高标准等提出过提案。

复旦大学有不少全国知名的老教授,对国家作过重大贡献,但由于退休得早,没有等到工资较大幅度的提高,退休工资很低。有的还因年老多病、家属无退休收入等原因,连基本的生活条件都没有保障。每年"两会"召开前,学校退管会与校内外的个人都会送给我不少材料,我也作了一些调查,有些老师的境况比我想象的还困难。我连续提了几年,也参加过有全国政协和上海市有关部门的座谈会,每次都列举事实,大声疾呼,并提出具体建议。2005年1月19日,在市政协的联组会议上我首先发言,列举蒋学模、贾植芳两位老教授每月收入不足2000元为例,要求采取切实措施。当时的市委书记闻言,问我:"蒋先生每月的退休工资真的不足2000元吗?"我回答:"我有确切数字,是1800多元。"他说:"我们以前不了解,没有尽到责任。"不久我看到报道,他在春节前到蒋学模教授家作了慰问。此后上海的退休教师的待遇有了一定程度的提高,一些知名老教授的特殊困难得到解决。

在调查中我得知，上海各区县对义务教育总体上是很重视的，但由于经济发展水平相差很大，加上其他一些原因，人均义务教育费用投入最多的区与投入最少的县之间居然有10倍之差。另一方面，有些新建或改建的中小学各种设施齐全，不仅都是高标准，甚至超标准。我认为，上海经济发展居国内前列，义务教育的最低标准应高于国家标准。但上海内部城乡之间、近远郊之间、区域之间差距很大，不利于教育资源的均衡和社会公正，也不利于义务教育的健康发展。另一方面，义务教育也不能提供过高的标准和过多的资源，应设定上限。对超标部分应予限制和调整。为此我在提案中提议：上海市应公布不同地区（大致可分为城区、郊区、远郊区）义务教育的最低标准，包括经费、设施、师资及辅助人员配置、相关的百分比等。对未达标的单位应限期补足，或予以撤销。对暂时无法达标，而因学生就近入学需要而不得不保留的学校，应给学生发补贴，供学生自行改善（包括支付收费项目）。同时应公布不同地区义务教育的最高标准。对已超标的学校在其他单位的相应标准未再提高到此标准前不再拨发经费。对超标的人员应予分流，对超标的设施应改为公用，或组织就近学校共享。我还建议这两项标准都应具体化，并向社会公布，接受社会各界、学生和家长的监督。主管部门虽然没有正式采纳我的具体建议，但表示接受我的意见，对各区县对义务教育的投入作了调节。

有关设立纯公益性教育频道的提案我连续提了两次，虽然获得积极答复，却一直没有落实。1985年我在美国当访问学者时，就得知电视中有一个2频道，不含任何商业广告，专用于播放公益性的教育内容。家长可将电视机锁定于此频道，使尚无完全行为能力的少儿不至受到不健康或不适宜电视节目及广告的影响。在上海市筹办教育电视台时，我曾问一位负责人，电视台是否都由政府拨款，他说建立后得依靠广告收入自负盈亏。我认为，上海完全需要这样的电视频道，以保障青少年的健康成长，为家长和社会各界分忧。建议上海设立一个专用教育频道，由市财政或主管部门全额拨发开办和运行经费，不得进行任何经营性活动，在全部播出时间内不允许出现任何广告或不适宜青少年的内容，并切实提高演播质量，增强对青少年和社会各界的吸引力。在第二次，有关部门答复我，要设置这样一个频道，每年的运行经费至少要2亿，财政有困难。我表示，如果设置这一频道，可以动员教师、演员义务制作节目，我第一个报名，这样不就能节省一些经费吗？但以后一直没有下文。

2008年初第十一届全国政协委员名单公布，我名列教育界。在当年3月召开的第一次会议上，我又当选为常委。我深感责任重大，今后更应关注教育界的状况，并针对一些全国普遍性的问题提出自己的提案，我又想到了在上海市政协提过而没有得到完全采纳的义务教育均衡发展和社会公正的提案。

就全国范围而言，义务教育资源的不均衡性更加严重，而主要矛盾是很多地方的义务教育设施、师资和经费达不到最低标准。这方面我看过不少材料，也有亲身经历。我在边疆、农村之行中，都会注意看当地的中小学，有时还与教师、学生聊聊，了解些实际情况。在旅途或外地听到对教育的议论，特别是一些具体状况，我也会注意听取。

记得在西藏札达县，我曾经过一所香港同胞援建的希望小学，校舍还不错，但只见到一位教师，另一位教师已经离开。留下来的教师自己也只有小学毕业，但在当地已是难得的人才了。

作者参观印度小学校后与送别的学生合影

我也想起在国外的见闻,在美国我参观过好几所小学,无论是在城市还是郊外,基本的设施都是完善的。我曾见过日本偏远乡村的一所小学,同样宽敞明亮,设施齐全。如果说那些都是发达国家,印度的例子更有说服力。到过印度的人都知道,那里大多数地方称得上"脏乱差",但即使周围都是那样的环境,学校里却是另一种景象,与发达国家相比,基本设施并不逊色。学生穿着整齐的校服,既有礼貌,也很活泼。在我们参加那烂陀寺玄奘纪念馆的聚会时,附近中学派出一支学生乐队,演奏水平相当高。我印象最深的是2001年初在南极乔治王岛上参观智利考察站内的南极小学,尽管是在终年寒冷的极地,教室和活动室内温暖如春,12位小学生配有2位专职教师和1位兼职教师、好几台电脑,墙上挂着智利2位诺贝尔文学奖得主的照片,还有上海小学生送给他们的图画。

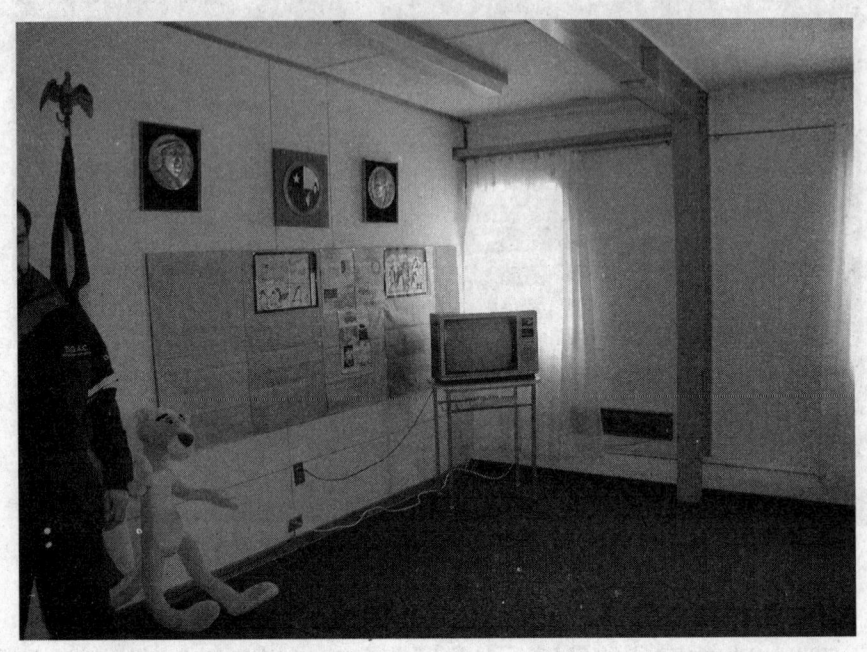

参观智利南极小学活动室

我想，如果我国的义务教育的配置、设施、师资、经费都能达到一个规定的最低标准，并且能不断提高，我们的学龄儿童——无论他们是生活在城市还是农村、内地还是边疆、发达地区还是贫困地区——就能大致处在同一条起跑线上。这是实现教育公平的基本保证，而根据我国目前的总体实力，只要政府下决定，是完全做得到的。即使是在最贫困、偏远的地方，在上级政府以至中央的支持下也不难办到。因此，我递交了《关于确定公布义务教育基本标准，切实贯彻义务教育法的提案》，其中包括这样的建议："教育部应根据各地实际情况，按若干等级确定义务教育最低标准，如教师、校舍、设备、经费的配置标准等，正式公布。各地方政府应向上级主管部门和当地人代会报告执行情况。对不能在规定期限达到最低标准的地区，政府应采取切实措施予以解决，如增加教育经费、合格教师、修建校舍等，地方财政无法负担的，应由上级政府或中央政府列入预算拨发。对因特殊原因一时无法达到最低标准的地区，应采取相应的特殊措施，如为学生免费提供接送和食宿，派教师进行个别教学，借用非教育部门的设施等。最低标准涉及的经费应按 CPI 的变化及时调整，就高不就低。最低标准应与当地的社会发展水平同步，不断提高。"

教育部的书面答复对我提案中的基本意见表示肯定，并介绍了实施义务教育法已经取得的成绩，说明已经注意到了教育资源的均衡问题，并采取了一些措施，但并没有采纳我的具体建议。我认为，如果没有一个具体的基本标准，并接受全民监督，就不能保证各地的"普九"（普及九年义务制教育）真正达标，也不能保证办学条件真正达标。

汶川大地震后，我去都江堰市考察灾情。当地领导告诉我，灾前成都市已在进行小学校舍的改建工程，但限于经费，该市有几所小学来不及改建，结果这几所小学都倒塌了。要是国家制订了小学校舍的最低标准，并且严格执行，这样的惨剧本来是可以避免的。

我记得此后教育部曾发出通知，要求各地检查加固校舍。但这次玉树地震中，当地的校舍 80% 倒塌，至少有 200 多学生遇难。玉树与汶川属同一条地震带，照理应该是加固校舍的重点地区，并且必须按最高防震级别实施，但事实证明根本没有做到。

因此我要继续提出同样要求的提案，因为这不仅有充分的理由，而且已经有了惨痛的教训。

林绍彬

简 历

林绍彬，男，1957年3月出生，1982年8月毕业于福建医大医疗系，获学士学位，中西医结合研究生班结业。曾先后在福建省心研究所、上海医大附属中山医院、北京阜外医院进修学习；1995年4月加入九三学社，九三学社福建省委副主委、福州市委主委，福州市二医院副院长、主任医师，福建中医学院教授、硕士生导师。中国中西医结合心血管病专委会委员，福建省中西医结合第二届急救分会主任委员，省中西医结合心血管病专委会副主任委员，中华医学会福建省心血管病分会委员，《心血管康复》杂志编委。曾先后担任福州市仓山区第五届政协常委、福州市第九届政协委员、福建省第九届政协委员；第十一届全国政协委员。

怎样做一个老百姓的代言人

林绍彬

2008年我成为全国政协第十一届委员,既感到光荣又感到责任重大。说光荣是因为我作为一位普通的基层医生,被推选为全国政协委员;说责任重大是因为我既代表着九三学社,又代表着最基层人民群众及医卫界的同仁出席全国政协会议,履行参政议政职能。然而,如何更好地反映社情民意,把广大人民群众意见建议和医卫界同仁的诉求传递到政协全会上,对我这样的新委员来说,确实是一次机遇,也是一次考验,不能不说是一份沉甸甸的责任。

从此,我更加虚心地向老干部、老委员学习,利用节假日、双休日,针对社会热点、难点问题,深入基层第一线,先后赴福州、马尾、福清、长乐、连江、平潭、罗源、永泰、霞浦、南平、武夷山、厦门、漳州、龙岩等地进行调研,每到一个医院、卫生院、卫生所,大家谈论最多、反映最激烈的就是医疗纠纷和医患关系。记得有一次我到平潭县某一个卫生所调研,一进卫生所便被医务人员和群众围住了,大家你一言我一句地说起医疗纠纷、医患关系紧张的多起事例。其中一

在连江县苔菉卫生院调研

件是不久前发生的该院一位70~80岁老人因心脏病突发,被送到卫生院抢救无效死亡,因为家属不理解,一气之下便把该卫生院的门窗玻璃和仪器设备给砸了,医务人员还被打伤。大家听说我这位全国政协委员要来,便赶来要我在两会上呼吁政府出台相关政策措施,保护医护人员和人民群众的合法权益,维护医院正常秩序……。还有一次我到福州郊县某一医院调研,该院院长讲述了一件曾经发生在该院的医疗纠纷事情:那次该院"120"急救车接回一位高处坠落受伤的病人,途中突然呼吸、心跳停止,抢救无效死亡,结果其家属和同事们不理解,当场砸毁了"120"车上的设备,殴打谩骂医生,部分闹事人员借机围攻了医院急诊科,停尸医院不走,不让医生治疗其他病人,严重影响了医院对其他病人的抢救,扰乱了医院正常的医疗秩序……。又闻湖南省某医院某教授被患者活活杀死,深圳市某医院医务人员戴钢盔上班,福建中医学院某博士生导师、国医堂教授、省政协委员被自己诊治过的患者杀害致死，漳州市某医院某外科主任医师头部被自己开过刀的患者连砍数刀致残，福州某三甲医院院长在处理医疗纠纷时头部被患者家属用玻璃瓶砸伤，医院大型仪器设备被毁，闹事人员摆花圈、停尸医院几天几夜等事件。耳闻目睹着这些医疗纠纷，我被全国重大医疗纠纷案件的新闻报道和我省几起重大医疗纠纷恶性案件所震撼，连夜起草了《关于全国各级政府尽快设立医疗纠纷专职处置机构，缓解医患矛盾，构建和谐社会的建议》的提案，并在全国政协十一届一次会议上提交。之后，很快得到卫生部、中编办的回复。信中说"林绍彬委员，你的提案收悉，……我部正在研究第三方援助机制，调解医患纠纷制度……"。

在连江县安凯卫生院调研

时过一年多，全国医疗纠纷、医患关系依然紧张，我再次深入基层调研，统计数据令人震惊：全国三甲医院每个医院每年平均发生医疗纠纷30起左右，全国73.33%的医院，出现过病人及家属殴打、威胁、辱骂医务人员现象；59.63%的医院发生过因病人对治疗结果不满意，围攻、威胁院长的情况；76.67%的医院出现过患者及其家属在诊疗结束后拒绝出院，且不交住院费用现象，严重影响了医院正常的医疗秩序。

于是在全国政协第十一届二次会议上，我与37位全国政协委员联名提交了《再次要求设立"医疗纠纷应急处置机构"缓解医患矛盾的几点建议》的提案。从第三方机构、制度、保障体系、媒体、医疗机构、病患方提出六个方面的建议：

在龙岩上杭县八甲村调研

设立有一个令患者与医疗机构信服的医疗纠纷应急处置机构，像交警"122"处理交通事故一样，早期介入、调查取证，防止医患矛盾激化和冲突进一步升级，避免恶性事件发生。

建立健全相关法律制度，公正、及时处理纠纷，防止冲突进一步升级。要充分发挥医疗纠纷应急处置机构的"中立"性质。

强化政府和社会的责任，更合理地分配社会资源，提高卫生服务的公平性，增加"医保""新农合"报销比例，多渠道解决群众"看病贵、看病难"的问题。

社会媒体要发挥积极的正确引导作用，对医疗纠纷要客观、全面、公正地进行报道，创造和谐的舆论环境。

医疗机构切实加强医疗质量管理，加强职业道德修养，严格落实各项规章制度，强化岗位考核，提高医疗服务质量，防止医疗差错发生。加强医患沟通，建立良好的医患关系。

对广大人民群众要加强普法教育，建立完善职业保险制度。

这次提案很快又得到了卫生部的回复，并欣慰地看到全国各级政府都在积极行动，采取措施，成立第三方医疗纠纷应急处置机构，在一定程度上，缓解了紧张的医患关系，改善了医疗环境，维护了正常的医疗秩序，促进了社会和谐。尽管这个机构还很不成熟，医疗纠纷不能百分百得到解决；但是，人民群众和医护人员看到了各级政府介入以妥善解决医疗纠纷、缓解医患矛盾的希望，看到了各级政府不断努力地完善第三方医疗纠纷应急处置结构的体制、机制问题，我为自己作为全国政协委员，能为基层医护人员和人民群众尽力建言，尽一份努力而欣慰。

这个提案从提出到逐步落实的亲身体会，使我改变了自己的看法，过去人们总是认为：政协委员不讲白不讲，讲了也白讲。我现在的体会是政协委员不讲白不讲，讲了没白讲，不讲也得讲。只要你自己认定要做的事情或要讲的话是正确的，你就要坚持，就要有锲而不舍的精神，最终就能够让提案发挥其应有的作用。

全国工商联简介

中华全国工商业联合会（简称全国工商联）成立于1953年。改革开放前，工商联的成员主体为当时的各类工商业者。改革开放后，伴随着非公有制经济的兴起和发展，工商联的成员主体为非公有制企业和非公有制经济人士。

全国工商联既是中国共产党领导的中国工商界组成的人民团体，又是一个商会组织，因而又称中国民间商会。全国工商联是统一战线性质的组织，是中国人民政治协商会议全国委员会的组成单位。全国工商联的基本任务是引导非公有制经济人士健康成长，促进非公有制经济健康发展。其主要职能是发挥组织非公有制经济人士参与政治和社会事务的主渠道作用，开展非公有制经济人士思想政治工作的重要作用，协助政府管理非公有制经济的助手作用，构建和谐劳动关系的协调作用，推动行业协会商会改革发展的积极作用。

工商联按国家行政区划设置组织：全国工商联为全国组织；省、市、县三级工商联为地方组织；在街道、社区、乡镇等设置的工商联组织为基层组织。工商联按行业设立行业商会等行业组织。截至2008年年底，全国工商联共有地方组织3130个，基层组织23993个，行业组织10337个，已形成覆盖全国的组织网络。

全国工商联第一、二、三届主任委员陈叔通，第四届主任委员、第五届主席胡子昂，第六届主席荣毅仁，第七、八届主席经叔平（名誉主席王光英），第九、十届主席黄孟复（现任）。

"藏油于民"的四次呼唤

全国工商联

2009年6月由全国工商联在全国政协十一届二次会议上提出的《关于抓住机遇，完善石油储备体系建设的提案》被全国政协提案委员会办公室选登于第44期《政协重点提案摘报》，并得到中央领导同志的重要批示。这一提案的形成，来自全国工商联多年来对此问题的持续关注。

为民营石油建言，3次提案呼吁"藏油于民"

石油不仅是一个国家的重要战略物资，也与普通百姓的生活息息相关，因此，该行业的发展自然为社会、媒体所密切关注。

近几年来，"能源紧张"、"油价飙升"、"油荒"、"油价倒挂"等词汇频频出现在报纸、电视、网络等新闻媒体上，引起了国家相关部门的深入思考和老百姓的广泛关注，同样也引起了全国工商联的高度重视。

　　作为党和政府联系非公有制经济的桥梁和纽带，长期以来，全国工商联始终将参政议政工作放在重要位置，通过广泛、深入的调查研究掌握第一手数据资料，并通过每年召开的全国政协大会这一重要渠道积极建言献策，把参政议政工作落实到实处。每年全国工商联都要向全国政协提交涉及不同行业的多项提案，充分反映非公有制经济人士的合理需求和殷切期望。作为工商联组织建设的重要部分，行业商会在工商联参政议政中发挥了重要作用。全国工商联现有28家直属商会，每家商会对行业经济发展与市场运行有直接了解的优势，能够根据自己的行业特点，及时有效地反映行业发展中存在的问题，提出具有针对性和建设性的意见。目前，各直属行业商会已成为工商联提案工作队伍中的一支主要力量。民营石油企业的行业组织——全国工商联石油业商会就是其中一家。

　　据石油业商会提供的资料显示，我国民营经济自1989年开始进入石油行业，经过近二十年的发展，已逐步成为我国石油经济的一个重要组成部分，对石油市场保障供应发挥了不可替代的积极作用。截至2008年底，全国共有民营成品油批发企业572家，占总数的22.7%；民营成品油仓储企业135家，占总数的38.6%；民营成品油零售企业（加油站）58261家，占总数的53%。民营石油企业销售总量约占我国石油消耗量的1/3。同时，我国民营石油企业多为批发、零售、仓储和物流企业，大部分都有自己的油库和仓储设施。

　　面对这样一个庞大而重要的群体，如何让我国民营石油企业健康、持续、协调发展，并为国家经济建设发挥作用，已成为全国工商联和石油业商会关注和研究的重点课题。

从 2005 年至 2007 年，全国工商联、石油业商会对此进行了深入调研，并针对如何发挥民营石油企业在石油业健康发展中的重要作用，先后向全国政协提交了题为《贯彻落实中央和国务院精神，消除民营石油企业发展体制性障碍，促进国家石油产业健康发展》、《关于认真落实国务院 3 号文件，为民营石油企业创造公平竞争环境的提案》、《打破石油垄断，建立统一、开放、竞争、有序的石油市场体系》3 份提案。尽管几份提案的内容、角度有所不同，但无一例外都涉及了一个重要问题：由于政策原因，民营石油企业拥有的具备相当规模的油库因没有油源，大多长期处于闲置状态，造成了极大的资源浪费。并提出了一个核心建议：藏油于民。以上几份提案虽得到了行业主管部门的认真回复，但由于各种原因，民营石油企业仓储设施大量闲置的情况依然存在。

金融危机来临，"藏油于民"旧事重提

2008 年国际金融危机来袭，国际油价风云激荡，从 1 月份的每桶 100 美元涨到 7 月份的每桶 147.27 美元，再跌落到 12 月份的每桶 42.04 美元。

根据美国商务部的数据，美国的原油进口量由 2008 年 11 月的 2.6 亿桶增至 12 月的 3.2 亿桶。到 2009 年 2 月，美国的商业原油库存已高达 3.5 亿桶，战略石油储备更是达到 7.27 亿桶，创出了历史新高。美国进口大量石油并不是因为消费旺盛，而是在国际油价处于低位的时候，有意识地大规模囤积能源。于是，石油储备的话题成为

人们关注的焦点。

美国的做法对我们具有很强的"启示作用"。在国际大宗商品价格处于低位时，调动政府和企业大量购买海外能源资源的积极性，无疑是一个很好的策略。不仅如此，世界各国也都充分利用这一时机，提高石油储备量。

低油价创造了石油储备的良机，但是，谁将成为低油价的最大赢家呢？此中较量的恰恰是各国的石油储备能力。针对这种状况，我国却遭遇了储备能力不足的尴尬。虽然我国国家石油储备中心已于2007年12月18日正式成立，拉开了石油储备专业化、正规化发展的序幕，但当时我国在镇海、舟山、黄岛、大连四个沿海地区规划建设的第一期战略石油储备基地，刚刚于2008年投入使用，其储备能力仅相当于我国约10余天的消费量。战略石油储备基地二期工程建设刚刚起步不久，几大国有石油公司的商业储备基地的建设也需要一个漫长的建设周期。

事实告诉我们，我国目前的石油储备能力难以保证我国长期的石油安全乃至能源安全，必须加大我国石油储备建设的速度和力度。由此也引发了石油业商会如何充分利用国际油价的下跌为我国加快建立和完善石油储备体系所提供的良好时机，将符合条件的民营石油企业纳入到国家石油战略储备体系中来，建立正常的周转库存，增加相应的商业储备，并以此作为对国家战略性石油储备的重要补充的深入思考。

2008年下半年，全国工商联2009年的提案工作顺利展开。特殊的国际国内形势再次让全国工商联的有关领导和有识之士感到大声疾呼"藏油于民"迫在眉睫！在进行提案选题论证时，全国工商联负责协调团体提案工作的研究室与石油业商会反复沟通、讨论，最终确定：再提"藏油于民"！

在提案准备过程中，为了提供更为翔实、确定的数据依据，石油业商会工作人员多次前往各地的民营石油企业调研，首先奔赴民营石油企业数量较多的河北、山东、上海、江苏、浙江、福建、广东等省、市、地区，通过走访调查，了解到民营企业的仓储规模由几万吨、几十万吨、甚至上百万吨不等。往往当他们看到企业所拥有的一座座拔地而起、巨大的储备罐时都会非常兴奋并惊讶不已，民营企业的仓储设施与国有大型石油企业的建设与可利用规模相比较一点也不差；同时大家也感到很无奈，因为大部分储罐的使用和周转率都很低，特别是在2007年和2008年国际油价高企、国内石油市场出现"油荒"时期，大部分民营石油企业无油可卖，因为此前建起的储油装置无油可储。看到这么多企业投入大量资金和人力建起来的储罐空置，大家心里都非常难受，更加感到自身所肩负的使命是多么的重要和有意义！

在提案撰写过程中，我们查阅了大量文献资料，也参考了世界其他国家有关石油储备的资料。通过分析发现，从国际上主要国家石油储备发展趋势来看，政府与民间相互配合和衔接已成为今后世界范围内国家石油储备的主导模式。美国于1975年创建国家原油战略储备机制，形成了世界上最完善的政府—民间石油储备对接机制，除了5大石油公司以外，还有4000家小公司都参与石油储备；德国施行"联盟—政府—民间"储备机制，官民联盟储备、政府储备、民间储备比率为57∶17∶26；日本尽管是石油资源匮乏国家，但其石油储备可供全国169天使用，居全球第一；这其中，民间储备就够77天使用量，占据国家总储量的46.4%。而在我国，截至2008年年底，民营石油企业拥有约3000万吨仓储能力。其中，部分成规模的民营石油企业已经具备参与国家石油储备建设的能力基础。据估算，民营石油企业现有储备能力的50%以上都可用于国家石油储备，也就是说这方面的基础还是不错的。

依据政府规划，我国计划建立由国家战略石油储备、各个地方政府的石油储备、三大石油公司的商业石油储备和中小型公司的石油储备所共同构成的四级石油战略储备体系。

为确保提案的科学性和可实施性，全国工商联、石油业商会先后邀请多名专家和相关企业经过反复座谈，多次讨论、研究后，认为民营企业参与我国石油储备建设理论上说得通、实践中有先例、政策上有许可、参与有条件、实施有措施，应该让民营石油企业积极参与我国石油储备建设，发挥其应有作用。在形成了共识之后，经多次提炼、论证和修改，最终形成《关于抓住机遇，完善石油储备体系建设》的提案。

在提案中，我们认为实行"藏油于民"，打造多元化的石油储备体系，是一件利国利民的大事。在我国油气领域，中石油、中石化、中海油一直是三大主体，但如果只依赖这三大公司，不但使得他们负担过重，也让国际市场对我国的储备"家底"一目了然。而让民企参与国家石油储备，既有利于减少国家财政支出，降低国家石油储备成本，又可以让民企发挥其经营灵活、信息灵通、目标小的优势，形成多元化、多成分的机动兵团，使收购油源的行为更分散、更灵活；而且，石油储备只有更分散，安全性才会更高。我国民营油库大大小小分布在沿海和内陆的各个省份，这样的分布不仅更具灵活性，而且还增加了安全性和战略意义。

　　为此，在提案中我们建议：将符合条件的民营石油企业全部纳入国家石油战略储备体系，充分利用民营石油企业大量闲置的储油设施，将国家二期工程的部分储备计划，交予具有进口牌照资质的民营企业。把"民营油企参与石油储备"正式写入正在起草的《国家石油储备法》中。

高层领导关注，"藏油于民"任重道远

　　这一通过广泛征求民营企业意见、切实反映民情民意、解决民营企业之所急的提案一经提交就受到了社会的广泛关注。

　　《华夏时报》、《新民晚报》、和讯网等诸多新闻媒体对此进行了广泛报道。从事相关研究的一些专家也认为：国家石油储备基地建设的周期性比较长，而民营企业拥有很大的储备空间，而且又多是现成的。如果能够把信誉好、实力强的民营石油企业纳入国家石油储备体系，想必能够起到节约时间、"双管齐下"的作用。这其中，民营油企得益，国家储备计划得以完成，说不定还能省下不小的开支，岂不是一举三得？

　　更令人欢欣鼓舞的是，提案在2009年6月被全国政协提案委员会办公室选登于第44期《重要提案摘报》，并得到中央领导同志的重要批示。得到中央领导亲笔批示的消息一经传出，在民营石油行业引起了巨大反响，业内一片欢呼声。一些民营企业家纷纷致电表达其激动的心情。有的企业家表示："这对民营企业来讲应该是非常好的消息。多年来我们一直在为石油储备做工作，奔走呼号，如果国家把民营企

业纳入到战略石油储备体系内,对民营企业来讲应该是参与国家石油储备的一个突破口。"

还有一些相关专家、学者反映:"我们要建立国家石油安全体系、要建立多元化石油油源体制、价格要市场化、要推动石油体制的改革,有了中央领导的批示,这是一件应该值得高兴的事。要积极落实中央领导的指示精神,坚定不移地干下去。所以,这是民营石油企业进入大体系的一个很好的机会。"

2009年9月国家能源局在提案的答复中提出:"从目前来看,我国民营企业石油库存总量已经具备了相当规模,但多以成品油储库为主,原油储库规模大多较小,若用于长期存放国家储备原油,则还需在储库安全保卫、储备原油质量和数量监管、库址布局、进出原油方式、配套建设管理等诸多方面进一步考察研究,以确保国家储备原油可以安全稳定运行,并能及时有效发挥作用",并表示"我们同意你们提出的通过立法对企业在储备中的责任、义务作出明确规定。为规范国家石油储备建设、管理和监督,保证石油储备安全可靠和有效运作,我国正在研究制定《国家石油储备管理条例》。其中,除对政府石油储备建设、运营、管理等进行了规定外,为发挥企业储备作用,要求在中国境内从事原油加工和成品油批发的企业在生产经营必须的储备量以外,还要承担一定量的义务储备,以更加有效调节石油市场运行,健全我国石油储备体系"。

我们知道,石油领域的问题错综复杂,仅靠一份提案难以将"藏油于民"这样一项事关"国计民生"和我国未来社会发展的大问题、大工程短时间内变成现实,但全国工商联有责任、有义务紧紧抓住人民群众最现实、最关心、最直接的问题,通过参政议政、建言献策,为党和政府的决策提供科学依据。我们相信通过一年又一年的执着坚持，经过一年又一年的不懈努力，这些提案中提出的意见和建议最终会得到重视和采纳，从而为推动民营经济发展和社会和谐进步做出应有的贡献。

（林凌、刘佩华执笔）

洪敬南

简 历

洪敬南，1946年12月出生，福建南安人。1971年毕业于西澳大利亚大学土木工程专业，获学士学位；1975年于加拿大多伦多大学荣获商业管理硕士学位。1998年于美国哈佛商学院完成商业管理高级课程。现任嘉里控股有限公司副董事长、嘉里物流联网有限公司董事长及中国国际贸易中心股份有限公司董事长，Allgreen Properties Limited 非执行董事及北京建设（控股）有限公司顾问。

洪敬南自1976年出任郭氏集团高级管理人员，曾任嘉里建设有限公司董事长，具有丰富的房地产、饭店的开发及物业管理经验。主要负责集团在香港及内地，主要是北京的房地产业业务及物流部的全面发展。第十、十一届全国政协委员、中华海外联谊会理事、北京海外联谊会副会长、中国侨商联合会常务理事、香港运输物流学会院士、香港各界文化促进会名誉会长。

要不辱使命

洪敬南

2008年刚入冬，香港已显现出阵阵凉意。街上行人渐少，往日喧嚣的场面也冷清了许多。在香港特区举办的中小企业投资者座谈会上，在各工商界团体、协会召开的研讨会上，在公司总部的决策会上，人们紧锁着双眉，流露出凝重、忧虑的神情，对当前的经济形势，无不感到突然和措手不及，大家围绕的都是一个话题："危机"，"怎么办"？作为全球信息中心、金融中心的香港，已感受到"寒潮"袭来的凶险，预感到这波由美国次贷危机带来的冲击绝非寻常。

之所以格外关注这场金融风暴，不仅因为我是香港的商人，而且也是内地投资项目的投资者、决策者和管理者，同时还是全国政协经济委员会的委员。中央政府将采取什么样的应对举措？今后的政策走向如何？不仅关系到中国经济能否持续增长，也关系到香港的稳定和发展，同时还影响到我集团在内地的投资方向和经营前景。

我着手搜集相关资料、探寻"风暴"产生的根源、了解危机冲击范围和深度、研究国内外应对的办法，来自报端的一段段详实报道和统计部门的一组组数据，让我感到震惊。港资投资较早，相对集中的内地珠江三角洲地区，冲击受到的影响尤为严重。据香港工业总会负责人估计：珠三角地区现有的7万家港资企业，已有约四分之一陷入困境，这意味着可能将有1.75万家面临停产、歇业或倒闭，很可能导致250万工人失业或返乡。果不其然，随着寒流的渗透，对实体经济的冲击越来越烈。中小企业的效益每况愈下、民工返乡潮不期而遇、经济指标大幅下滑。我在那里投资办厂、开店经营的同仁、朋友，有的已鸣金收兵，有的已打道回府。他们对我讲，厂子无法支撑下去了，生意实在做不下去了！在内地听惯了"蒸蒸日上"的我，还真是吃惊不小。

三十年来，在"珠三角崛起"中充当先锋的港资中小企业，为什么现如今这么弱不禁风？经过大家"会诊"可以看出，这一地区产业结构层次较低、生产方式相对滞后。时至今日，有很多企业仍从事劳动密集型的传统产业。技术简单、产品低端、附加值低、利润微薄；过度依赖出口、抵御市场风险能力弱。加上近年来国家对产业、环保、员工福利、汇率、信贷等政策的调整，使得企业不堪成本上升的压力。实际上，这些企业生存的根基已相当薄弱，全球经济气候一发生变化，金融风暴一袭来，很多企业就应声倒下，有的甚至被连根拔起。

为应对危机、确保增长，中央政府4万亿刺激经济的一揽子计划相继出台，一大批基建项目、重点工程纷纷上马。但包括我在内的很多香港工商人士认为，作为应急措施，作为挡风救火，刺激手段必不可少，可称为果断之举、有利之策。但保增长指标固然重要、经济增长内在动力的衍生和培育更为迫切，不然中国经济的增长就没有后劲，就不可能持续。经济能否从危机中复苏，最终要看大批曾经创造效益、提供就业、推动繁荣的中小企业能否起死回生，能否重新焕发出生机和活力。当前，中小企业大多陷入困境、无力自拔，政府应拉一把，推出有效政策、有力措施，帮助他们渡过难关、走出困境。

在政协十一届二次会议期间，我向大会提交了《关于扶助珠江三角港资中小企业走出困境的建议》的提案。提案分析了当前制约和困扰中小企业生存、发展的四条主要原因，提出了扶助中小企业走出困境的四项建议，以及政府在进行帮扶工作中应把握的四个环节。这次大会，我们经济组的主基调是应对危机，焦点在应对的办法，而热点则是小企业问题。由于处在非常时期，中央的主要领导多次来我们经济组参加讨论、听取意见，无论是联组讨论、小组讨论，还是委员交流，气氛都格外热烈。我一有机会，便陈述我的意见和建议。在政协经济组当中，港澳委员为数不多，但我被大家参政议政的热情所感染，感到完全融入这个集体当中。

会后，我还参加经济组对"长三角"、"珠三角"中小企业的考察、调研，出席了中央有关领导和部门的分片座谈，为政府扶助和促进中小企业解困和发展奔忙。

这次会议，是我担任政协委员的第十二个年头，这份提案也是我向政协提交的第十一份提案。如何当一个称职的委员，如何提交有分量的提案，这是我年年都在思考，年年都努力去做的事。

把自己摆进去，就能找准提案的切入点

香港、澳门回归后，一批港澳各界的代表人物和有识之士，分别进入了人大和政协，我也是在那个时候步入政协的殿堂的。

在世纪之交，我被推举为北京市政协委员。在前来参加第九届政协会议的前夕，集团董事长郭鹤年先生语重心长地对我讲："敬南啊，政协委员要么不当，既然当了，就要当好，当一个称职委员！"曾任国务院港事顾问、香港特区政府推荐委员会委员等要职，为香港政权顺利交接、平稳过渡而呕心沥血的郭老先生，就此把参政议政的接力棒交给了我。

我生在海外，长在异国，后来在国外念书、接受教育，接着在国际商海里打拼，对内地的政治生活参与不多，对北京的社情民意了解不深。到底怎样参政议政？如何建言献策？我心里没有一点底。

会议期间，我看到委员们发言踊跃、讨论热烈；积极建言献策、纷纷提交提案。开始感到：提案确实很重要，对一个委员来讲，既是及时建言献策的建议书，又像一份考卷，考察你对国计民生的关注程度、课题选择的精度、调查研究的深度和解决问题的力度。但写什么？怎样写？从哪里下手？会后我一直在思考。

思来想去，我感到自己写好提案有两个有利因素：一是在内地、在北京搞投资、搞开发，前前后后已经打拼了15年；二是我所投资开发的项目，我们集团在内地事业的发展，是同国内改革开放的进程紧密相连的，是和政府的支持与合作密不可分的。刚开放不久的1984年，北京香格里拉大饭店项目动工兴建。1985年，投资五亿多美元，建筑面积43万平方米、功能齐全的综合建筑群——中国国际贸易中心筹建开工。受郭鹤年先生的委派，我代表嘉里集团负责这两大合资项目的开发、建设工作。从那时起，我事业的根基就系于北京，生活的重心就移到了内地。邓小平南巡讲话以后，我们在内地的投资全面铺开，事业发展也跃上了新的台阶。尽管在担任政协委员之前，我对政治生活参与不多，对社情民意了解不深，但毕竟我们在国内投资兴办了很多家合资企业，同各级政府有了广泛、密切的接触与合作。透过合资企业的窗口，通过中外合作的视角，能够了解到国家的大政方针；能够体察到政府的服务意识；能够了解到政府人员的办事效率；能够审视那里的投资环境。抓住我身边发生的事、分析遇到的矛盾和问题，就大有文章可做。既然自己是经商办企业的商人，就应该摆对位置，在商言商，以开放搞活、投资建设为切入点，为首都发展、城市建设提出一些有益的建议，为发展市场经济提出一些战略性的想法和主张。

在千年更迭、世纪之交，北京市提出城市建设发展的品牌战略构想，叫"西有中关村高科技园区，东有中央商务区"。北京作为发展中的国际大都市，应该有自己的"硅谷"、"曼哈顿"，应当打造出自己的城市品牌。市、区政府为此举办的座谈会、研讨会，我都有备而来，表达自己的想法和提出建议。对国外一些大都市的商务区我有一定的了解，我们所开发、经营、管理的中国国际贸易中心、北京嘉里中心正处在中央商务区的黄金地带，对改善这一地区的自然环境、交通状况有切身要求，有责任发挥优势、建言献策，为建成世界一流的中央商务区尽些微薄之力。

当时的商务中心区没有确定的范围，建国门外地区各地产开发商各自为政。高大、现代化的写字楼与居民住宅交错，五星级豪华酒店与厂房为邻。道路狭窄、交通拥堵、环境脏乱。世界各国在这里常住的客商对周边环境十分不满，要打造成首都的"曼和顿"、"银座"，政府还有很艰苦的工作要做。根据国外商务区建设和管理的成功经验，针对北京在起步阶段就应解决的重点问题，经过半年多的调查、研究，我在政协会上提交了《关于对加快北京中央商务区建设的建议》，提出要建立专门机构,对这一区域进行统一规划、统一拆迁、统一市政配套、统一实施科学管理。要大力治理环境,解决好功能配套;要加强整治交通、加快道路的拓宽和修整。努力建成功能齐全、道路通畅、环境优美、生活方便的一流商务区。这一建议受到了市、区政府的重视,新闻媒体也给予了高度关注。时任北京市委书记的贾庆林先生,多次召开专门会议,要求各部门各司其职、加快落实提案提出的各项建议,加快推进商务区的建设进程。会后不久,我得知"北京中央商务区建设管理委员会"已挂牌办公;中央商务区规划建设模型已展出亮相、辖区内道路正在拓宽建设;绿化、美化、环境整治正在有序推进,我欣喜地感到北京现代化大都市的建设步伐正在加快!

把准开放搞活这条主线

随着经济全球化的进程加快,中国融入世界经济的步伐也不断加快。注重了解和把握世界经济的新趋势、新走向,关注中国经济改革和发展的新热点、新举措,从中研究新问题,找出新课题,是我提交提案、建言献策遵循的方向。

当《内地与香港关于更紧密经贸关系的安排》(CEPA)刚刚出台,我就对如何推动《安排》尽快落实提交了提案,建议内地各地区、政府从更新观念、抓好基础设施、搭建有效服务平台三个方面入手,把CEPA的各项措施用好、用活、用足。尽快达到两地互利双赢、携手发展的目标。

当得知中国领导人和东盟10国领导人共同签署了《中国——东盟全面经济合作框架协议》,凭借自己在东盟一些国家长期生活和工作的经历，凭借对这些国家社会、经济的了解，凭借同这些国家高层人士和知名人士的接触和交往，在政协会上提交了《关于发展中国和东盟合作关系的几点意见》，为促进中国和东盟经贸关系的发展、直至最终建立东盟自由贸易区急需解决的问题，提出了七点意见。这些提案都受到有关方面的高度重视。

近几年来，随着国家经济持续增长，国力增强，外汇储备增多，国资企业壮大，对"扩大开放，引进外资"的政策也产生了不同的看法，不同的议论。有种疑虑：外资是不是引进太多了；有种顾虑：外资是不是威胁产业安全了；有种担心：外资是不是把市场垄断了。在报上、网上可以看到，在调查和现实中可以发现：有些地方和国有企业，面对激烈的市场竞争，不是靠技术投入，不是靠节能增效去发展，而是指望政府"输血"、"喂奶"来维持，希望通过政府的力量、动用行政的方法，打造垄断企业。以地方保护、产业保护的各种手段，去控制资源、占据市场。有的主张对外资提高门槛、严控准入，提出应实施"挤压政策"、甚至"去外资化"。"这是一种极为短视的眼光"、"这是一种不应忽视的倾向"，在一些经济领域的高峰论坛会、研讨会、座谈会上我说道。实际上，在危机发生的2008年，全国吸引外资的总量为924亿美元，只占全国固定资产投资比例不到4%，应该说吸引的外资不是太多了，而是太少了！2009年，我国实际利用外资的总量同比一直呈下降趋势。这是一个值得注意的信号，说明我们对外开放、吸引外资的工作已经相对滞后了。

从国际大势上看，经济一体化深入发展，生产要素重组和产业转移加快、科技创新突飞猛进、知识更新日新月异。同发达国家相比，我们在尖端技术、高端品牌方面还望尘莫及，在管理理念、推动创新方面还难以比肩,对外开放还任重道远。从国内现实来看,虽然政府通过刺激手段成功"保八",但经济增长缺乏潜力和持久动力,调动民营资本、大力吸引外资应是今后投资增长的主要内涵,是推动经济增长的主要动力。

在政协十一届三次会议上,我提交了《关于后危机时期促进侨资企业发展的建议》。建议提出,民营企业、以侨资(包括港、澳投资)企业为主体的外资企业等非公经济,已经占到中国经济的半壁江山,是经济持续增长内生动力。无论从当前的现实经济状况,还是从可持续发展的方向看,进一步激发侨、港资企业的活力都至关重要,因为他们是:推动我国经济增长的重要力量;是拓展我国发展外部空间的重要桥梁;是扩大就业、提升消费的重要载体;是调整产业结构、推动产业升级的重要动力。

在本轮刺激经济的举措中,国有大中型企业得到了实惠,"促进中小企业发展的意见"也使得中小企业有了复苏的良方,而大批以侨港资为主体的外资企业却仍然沉寂。我在提案中建议:政府及有关方面应尽快根据国家对外开放的基本国策、建设高水平开放型经济的总体战略,研究制定扶持侨港资企业走出困境和健康发展的措施和政策,推出有利于形成全方位开放格局、创新对外开放手段的有效机制。会上,我还就提高开放型经济水平、促进对外开放、大力吸引外资提交了书面发言。

有不少合作伙伴、同事同学、外国商人为我在内地的投资前景担忧,对我集团在内地扩大投资感到不解,我对他们讲:你们最好亲自来中国内地走一走、看一看,看看那里是不是像国外媒体说的那样"投资环境日趋恶化"、"外资企业纷纷撤走"。问题是有的,但一切总会好起来的。

其后不久的 4 月,《国务院关于进一步做好利用外资工作的若干意见》出台,我长长的嘘了一口气,有种如释重负的感觉。只要中国坚持改革开放,像胡锦涛主席说的那样:"不动摇、不懈怠、不折腾",再干个 30 年,中国一定能走上强国富民之路。

马蔚华

简 历

马蔚华，男，出生于1948年6月，招商银行股份有限公司执行董事、行长兼首席执行官，经济学博士，兼任招商信诺人寿保险有限公司董事长、招商基金管理有限公司董事长、香港永隆银行有限公司董事长及招商局集团公司董事。中国国际商会副主席、中国企业家协会执行副会长、中国金融学会常务理事、深圳市综研软科学发展基金会理事长和北京大学、清华大学等多所高校兼职教授等职。2008年任第十一届全国政协委员。

荣获2001年"CCTV中国经济年度人物"、2005年英国《银行家》杂志（The Banker）"银行业希望之星"（Rising Stars of Banking）、2007、2008两度美国《机构投资者》杂志（Institutional Investor）"亚洲最佳CEO"和"亚洲银行业领袖"、《亚洲银行家》杂志（Asian Banker）"2008年度最佳零售银行家"、《亚洲金融》杂志（Finance Asia）"2009年度亚洲最佳CEO奖"，并成为该评选举办九年以来首位获此殊荣的中国银行家、2009年CCTV"中国十年商业领袖"。

我与中小企业的不解之缘

马蔚华

作为一家商业银行的行长,我对如何破解中小企业融资难问题始终予以高度关注。担任全国政协十一届委员后,更是将其作为履职的重要内容。从 2008 年参加的首次全国政协会议上《关于小企业贷款呆账快速核销机制的提案》到今年《关于中小企业信用担保的提案》,从政协联组会上的建言到央视《对话》栏目的呼声,从《集结号》授信到招行的小企业信贷实践,我在各种场合不断地为中小企业的发展鼓与呼。一腔热情,两届提案,数次调研,多年实践,我与中小企业结下了不解之缘⋯⋯

门当户对的战略选择

宋朝著名诗人陆游有诗云:"纸上得来终觉浅,绝知此事要躬行"。我对中小企业金融的认识,主要来自于招行的实践。在直接融资快速发展、利率市场化加速推进和资本约束日益加强的经营环境中,加快发展中小企业金融业务,是招行的必然选择。作为中小银行,我们越来越感到在与大客户的合作中难以改变被动的局面,不仅进入难、维系难,而且利率经常被迫下浮。为此,早在2005年,我们就提出,要在控制风险的前提下,加快发展与招行门当户对的中小企业业务,以此来建立基础客户群,提高贷款定价水平。于是,招行把大力发展中小企业金融业务确立为经营战略调整的重要内容之一,成为国内同业从战略层面认识和推动中小企业业务快速发展的先行者。

2006年4月,招行在杭州召开促进中小企业业务发展专题会议,对招行未来中小企业发展进行了通盘规划。在此基础上,制订了《中小企业业务发展三年规划》,并且在总行层面新设机构和岗位,专门负责业务发展的研究和推动。

2006年,我们选择了中小企业比较发达、信用环境较好的长三角地区、珠三角地区、环渤海经济区、福建地区的9家分行开展中小企业信贷业务试点。试点行的干部员工充分发挥主动性,积极开展产品创新和业务流程创新,推出了有别于传统信用审批方式的、具有行业特点的中小企业审贷标准和审贷流程,为招行中小企业业务的可持续发展积累了宝贵的经验。

最近三年间,招行中小企业贷款始终保持着"量增、质优"的良好发展态势。招行中小企业一般贷款客户数和贷款余额年均增长分别接近32%和30%,贷款余额累计增幅高于全行对公全部一般贷款增幅近13个百分点;中小企业一般贷款余额占全行对公贷款的比重提高了9个百分点,目前已达近47%;中小企业贷款不良率下降了6.4个百分点,目前为1.82%。

吹响《集结号》

继2006年确立9家试点分行、有重点地发展中小企业业务之后，2007年招行融资支持华谊兄弟的贺岁片《集结号》，又吹响了招行进一步加快中小企业业务发展的号角。

国内某权威财经类报纸将招行对电影《集结号》的5000万元授信比喻为"一幕惊险的融资杂技"，其实是不无道理的。对于商业银行来说，文化产业是全新的领域，资金运作的方式与传统的企业贷款有很大的不同，而且影视作品的价值主要取决于票房业绩和版权销售，这些无形的产品在生产和销售环节充满变数。其中任何一个风险点出现问题，都可能导致电影胎死腹中，投资血本无归。

一开始，行内相关部门不太同意这笔授信，但我认为可行。首先，中国文化产业的前景广阔，从国际先进经验来看，文化产业与资本平台的相互渗透是必然的趋势。其次，华谊公司虽然是中小企业，但财务状况良好，而且冯小刚导演的票房号召力也给予了我们很大的信心。再次，《集结号》是一部弘扬主旋律的好影片，而且比较符合实际，体现了人在战争中的一种心态，和过去的"高、大、全"形象不完全一样，题材很好很新颖。第四，就产品本身而言，文化产品与工业品生产的基本模式一样，都有生产、品牌、营销、渠道等环节。只要我们认真梳理风险点，大胆创新，小心求证，就一定能够探索出一套对文化产业投资行之有效的风险防范机制。

经过认真讨论，大家接受了我的意见。2006年8月，招行与华谊公司签署了为期两年的5000万元贷款合同，双方约定先以影片的全球版权进行质押，拍摄完工后再以全球放映的票房收益权进行替换。这一运作模式开创了国内银行业无第三方担保贷款影片的先河，为开展中小企业金融服务创新提供了有益的经验。

影片公映之前，我们在北京邀请了有关政府部门的领导前来观看，银监会刘明康主席给予了很高评价，他对我说，"你收回贷款肯定没有问题"。果不其然，《集结号》公映三周后票房即超过了两亿元，为贷款的按时偿还提供了保障。

中央政治局常委李长春同志和中央宣传部部长刘云山同志还作出专门批示，要求研究《集结号》的投资模式，总结此片在金融资本和影视制作结合上的成功经验，以推动文化产业的发展。

后来，对这一授信项目的分析评价还被作为招行审贷官考试的试题。

为体制"松绑"

2008年，招行成立了全国首家准法人性质的小企业信贷中心，成为招行发展中小企业业务的一个重要里程碑。

这源于我与银监会刘明康主席的一次交流。刘主席多年来一直致力于加快推动国内中小企业金融业务的发展，他强调，在国内银行现有的体制下发展中小企业业务受到很多制约，必须大胆探索、有所创新。于是我想到能否在现有体制之外成立一家小企业信贷专营机构，作为试验。这一想法得到了刘主席的认可，在他的亲自关心与推动下，国内首家准子银行、准法人模式，专司小企业信贷业务的专营机构——招行小企业信贷中心，于2008年12月8日在苏州破茧而出。

经过一年的探索，招行小贷中心已经在全国建立了 20 家分中心，累计发放贷款 45 亿元，创新推出的"订单贷"、"联保贷"等特色融资产品，深受中小企业的欢迎，得到国务院、银监会及各界的肯定。

招行小贷中心之所以取得明显成效，主要得益于银监会所提出的"六项机制"的要求。银监会提出，商业银行开展小企业贷款，要着力落实利率的风险定价机制、独立核算机制、高效的贷款审批机制、激励约束机制、专业化的人员培训机制，以及违约信息通报机制等六项机制。我们将小贷中心设在离总行千里之外的苏州，就是为了给小企业贷款"松绑"，为了尽快探索出符合"六项机制"要求的小企业贷款经营模式。

比如，在构建高效的贷款审批机制方面，招行小贷中心目前已经形成了一整套有效的技术和方法，我们称之为"老相识加新技术"。所谓"老相识"，就是运用"熟人文化"，清楚地了解客户的情况和风险程度。新技术则包括三个"一"：一把尺子，用同一把尺子衡量每一道工序是否符合贷款的标准；一部雷达，开放一个公共管理平台对贷款进行全程监控；一个车间，通过标准化、流水线作业，对中小企业贷款进行集中审查、集中发放。

救企业就是救自己

自 2008 年 9 月 15 日美国雷曼兄弟提出申请破产保护后，次贷危机迅速演变为一场席卷全球的国际金融危机，世界经济急转直下，我国经济增长和企业发展受到严重冲击，中小企业首当其冲。作为一名长期关注中小企业发展的银行工作者，我感到十分担忧。中小企业生存状况如何？发展中究竟面临怎样的困难？银行如何与他们携手共度寒冬？带着种种疑问，我带领招行的同事赴中小企业经济比较发达的江浙地区展开了深入调研。调研组分赴苏州、杭州、绍兴三地，召开了三场干部座谈会、两场企业家座谈会，实地考察了刚刚重组恢复生产的华联三鑫企业。这样的调研活动对我而言并不陌生，几乎每年我都会率领调研组深入企业实地考察，专门召开座谈会，了解中小企业发展的现实问题，也因此与不少企业家结下了深厚的友谊。在此次调研过程中，通过与当地各级政府官员、各行业企业家和分行各级干部进行面对面的深入交流，我清醒地认识到当前经济形势的严峻。

2008年12月9日马蔚华委员（前排中）实地走访刚刚恢复生产的华联三鑫

进入2008年第三季度以来，江浙地区中小企业面临前所未有的严峻考验。这突出地体现在：出口订单明显下降；存货与应收账款超常增加；营运成本大幅增加、严重挤压利润空间；资金普遍趋紧，不少企业由于资金链断裂而濒临破产倒闭；亏损面明显扩大。江浙的例子是全国中小企业发展的一个缩影，此时无论是在长三角、珠三角还是内陆腹地，我国中小企业正在进入一个经济的严冬。

在座谈会上有人提出，银行对于中小企业只会"锦上添花"，不会"雪中送炭"，对银行是否会在危机关头与企业并肩作战表示疑虑。我当时就表态，保经济就是保银行，救企业就是救自己。鉴于中小企业在社会经济发展中的重要地位，如果中小企业长期面临困境与缺乏活力，就难言"保增长、扩内需"目标的实现；而金融是经济的反映，如果我国实体经济持续下行，银行可持续发展就会面临严峻挑战。

2008年12月9日马蔚华委员与浙江民营企业家代表座谈

调研结束后，全行上下达成了一致的共识：招行将一如既往地坚持中小企业发展战略，与中小企业"相依相拥、共度严冬"。这一年来，招行进一步加大对中小企业的扶持力度，中小企业贷款余额和占比不断提升。截至 2009 年 11 月末，中小企业贷款余额超过 3000 亿元，同比增长近 40%，中小企业贷款余额占境内对公贷款的比重比年初提高近 4.5 个百分点。

向总理进言

2009 年 3 月"两会"召开，我把在调研基础上形成的《关于加大对中小企业金融支持力度的意见和建议》带到了会上。特别幸运的是，2009 年 3 月 4 日下午，温家宝总理参加了全国政协十一届二次会议经济、农业界别委员联组讨论会，我被安排作第一个主旨发言，内容就是围绕如何破解中小企业融资难这一问题。

我首先讲到，自去年 11 月以来，商业银行加大了贷款投放的力度，今年 1 月份新增贷款 1.62 万亿，但是本轮贷款大部分投向了大型企业、大项目，中小企业贷款受到明显挤压。而中小企业是我国国民经济的支柱，要实现"扩内需，保增长"的目标，迫切需要解决中小企业融资难问题。当我说到"银行机构要树立保经济就是保银行，救企业就是救自己的意识，与中小企业建立长期、稳定的信任合作关系，而非简单、片面地采取停贷、拒贷或压贷行为"时，总理马上回应说，这句话非常好，说明了金融和经济的关系，应对这场金融危机，我们除了关注大企业的困难以外，应该更加关注中小企业遇到的问题，特别是贷款难、融资难问题。

我紧接着向总理提了六条具体建议：第一，对于中小企业贷款适当减免营业税和所得税；第二，尽快出台关于简化处置小企业不良贷款的指导意见；第三，成立中小企业政策性担保机构或再担保机构，同时加强对商业性担保公司的统一有效监管；第四，设立一定的中小企业风险补偿基金，对金融机构在中小企业融资上造成的损失进行一定比例的风险补偿；第五，对高科技中小企业贷款等采用贷款贴息方式，有效降低中小企业融资成本；第六，支持鼓励银行建立专门经营中小企业金融业务的分支机构。总理听后随即表示，上述建议大多数已在政府研究当中，特别是第二条关于尽快出台中小企业不良贷款核销指导意见的建议，目前正在由财政部和人民银行进行相关的研究和落实工作。

　　在那次联组会上，我关于中小企业融资难问题的发言得到了与会领导和委员们的热烈反响，大家进行了很好的互动交流，之后新闻媒体也进行了广泛的报道。

　　实际上，这已经不是我第一次向总理直面建言中小企业发展问题了。今年的2月10日，我作为企业界代表，出席了在中南海举行的政府工作报告征求意见座谈会，会上我呼吁要尽快解决中小企业融资中的财税、担保、诚信等问题，以充分调动银行服务中小企业的积极性。

在央视"对话"

　　2009年5月18日，我应邀参加了以银监会刘明康主席为主嘉宾的央视《对话》节目的录制，与银行界同仁、企业家和现场观众一同探讨中小企业融资难问题。

节目一开篇，刘主席就用"恋爱"一词形象地概括出当前银行与小企业的关系。他说，由于国内银行普遍面临扩大规模、增加盈利的压力，而中小企业贷款又具有风险大、成本高等现实特点，因此往往导致这样一种现象：月初银行与小企业发生"初恋"，月中银行与小企业进行"热恋"，而到了月末为了完成任务指标，银行就与小企业"移情别恋"了。刘主席鼓励银行要"放下望远镜，拿起显微镜"，看到小企业信贷这片蓝海，成就银行与小企业的美好姻缘。

刘主席的一席话不禁让我想到了来自孟加拉国的诺贝尔和平奖得主尤努斯和他的穷人银行。尤努斯一手创办的乡村银行用30多年的时间帮助贫困人民获得创业资本，实现脱贫致富。在我看来，尤努斯之所以伟大，就在于他创造性地构建了一种"信用模式"，颠覆了"穷人就缺乏信用"、"无恒产者无恒言"的传统观念。他的理念和实践深深触动了我，尤努斯在孟加拉都可以探索小额信贷和贫困农民的贷款，我们中国为什么不能做？我们不能天天叫苦，埋怨信用环境不好，埋怨小企业贷款难，而把眼睛都盯在那些大企业的身上。

在《对话》中，节目组还特意从江苏南通请来了一位姓郭的年轻企业家，当小郭在节目现场激动地谈起他的企业如何用50万元的注册资本获得招行小贷中心1000万元贷款的经历时，我真正体会到了创业者的艰辛和银行与企业之间的鱼水情深。

在节目现场，包商银行董事长李镇西先生的发言令我印象深刻。包商银行运用欧洲复兴开发银行的先进技术，通过信贷员走家串户进行尽职调查，了解客户的情况，帮助企业进行财务分析。他们的口号是"改变不了客户，就改变自己"，既没有放弃银行风险管理的责任，又尽量帮助中小企业解决实际困难，赢得了广大中小企业主的赞誉。

可喜的是，在刘主席和银监会的大力推动下，在银行同业的共同努力下，我国中小企业金融业务近年来取得了长足的发展。截至2009年三季度末，全国中小企业贷款余额达14.1万亿元，已经占据了企业贷款总额的半壁江山，中小企业新增贷款增速高于企业贷款的平均增速。目前，国内多家银行都设立了专门为中小企业服务的专营机构，在破解中小企业贷款难问题方面不断迈出新的步伐。

中小企业融资难问题是一个全球性、历史性和顽固性难题。破解中小企业融资难问题，唯有银行的努力是远远不够的，还需要政府和社会各界创造良好的外部环境。

令我感到欣慰的是，在两届政协提案中，我对中小企业融资问题的相关建议均得到了有关部门的及时回复。我将继续凭借人民政协这一参政议政的良好平台，为促进中小企业发展尽自己最大的努力。我相信，在党和政府的高度重视下，在各监管部门的大力支持下，通过包括银行业在内的社会各界的共同努力，我国中小企业的发展必将迎来更加美好的明天。

梁晓丹

简 历

梁晓丹，女，阿昌族，1979年10月生，云南梁河人，2002年7月毕业于云南民族大学旅游系（专科），在校期间，曾取得全国导游资格证、普通话二级甲等证书，学习成绩优良。2003年5月参加云南省德宏州事业单位统一考录，录用到梁河县九保阿昌族乡人民政府工作。2007年2月到梁河县遮岛镇任副镇长，11月调动到梁河县九保阿昌族乡任副乡长，2009年4月到梁河县工商联任常务副主席至今（其中：2004年7月至2007年2月，就读于中央党校函授学院本科班，学习法律专业，2008年9月至今，就读于四川省委党校研究生部，学习区域经济学专业）。第十一届全国政协委员。

又是一年茶山绿，德昂山寨换新颜

梁晓丹

2009年2月下旬的一个工作日，我像往常一样来到乡政府，准备会同乡里另一位分管异地搬迁工作的景副乡长，到我们挂钩的勐宋村委会，上、下白露头自然村走访群众，继续我们这段时间的重点工作——异地搬迁。

开着乡里的老吉普，从乡政府到勐宋村委会有40分钟的路程，再到上、下白露头自然村的山下，又有近一个小时的路程。已经是早晨9点多，海拔1300米的群山上，空气清新。虽然时值冬季，还是满山青翠，植被茂密。山脚开辟的茶园，整齐的茶梯迎着朝阳，在逐渐稀薄的晨雾中，已经透出了丝丝新绿。

不出所料，简易的通村公路，因为前几天陆续下雨车辆已经不能通行，我们一行四人只有接着步行一个多小时。11点多，来到了上白露村口的大榕树下，来迎接的几个村民小组长和妇女家长已经在等我们了。喝了一口自制的绿茶，凉爽的山风吹开了我一头的热汗。

上、下白露头村是云南省德宏州梁河县九保阿昌族乡的两个德昂族自然村。德昂族群众世代在这里的大山上居住，目前有64户251人，村民的收入主要靠种植稻谷、茶叶和养殖牲畜。2008年农民人均纯收入1861元，群众的生活只能基本维持温饱。社会发育程度低、发展基础差、建设成本高、贫困面大、贫困程度深是这两个村的真实写照。即便在我们这样的贫困的民族乡也属于相对贫困的少数民族村寨。

近几年来，各级各部门的扶贫项目很多，乡里也有政策上的倾斜，但是上、下白露头的情况非常特殊。首先，整个村寨都处于滑坡地带，是乡里的地质灾害监测点；其次是路，要致富，先修路。为了61户德昂族群众，县乡花大力气，于几年前修通了一条简易的公路，但由于地质条件不好，经常塌方，加上村里人少，难以维护，基本上是晴通雨阻。扶持产业帮助群众增收非常困难，有的项目免费让群众种蔬果，但一家一户种出的果子、蔬菜，运到县城去卖的成本和卖的收入差不多，谈不上产业给群众带来增收；还有就是群众的素质，由于山高路远，自然屏障使这里几乎与世隔绝。世代小范围通婚，村里部分德昂族群众的身高、智力出现了缺陷，大多数群众接受新事物的能力有限。另外离学校的距离较远，推迟了孩子接受教育的年龄，所有因素使得考出去的德昂族学生越来越少，大学生、高中生的比例一年比一年低。再者，因受2008年隔壁盈江县的8·20、8·21地震灾害影响，多数农户的住房受损极大，已无法居住。我在九保乡政府工作也已经五年，这里和五年前相比基本没有什么变化，作为分管民政和社会事业的副乡长，每到青黄不接的时候，经常都需要到这两个村子走访救济群众，对这两个村子的发展深为忧心。作为一名少数民族界别的全国政协委员，又是一年两会将至，今天也是我为准备提案做的一次调研。

2008年底，上海市民宗委响应中央号召，对我州较少民族德昂族进行积极帮扶。州、县民宗局非常重视，积极进行项目拼盘，集中帮扶，九保阿昌族乡的上、下白露头自然村也在项目村之列，乡里根据两个村的特殊情况，准备进行异地搬迁，并整合州县的项目，安排配套的村内道路建设、能源建设（沼气池）、项目扶持（茶叶种植）等项目。即将实施多个扶持项目的消息如同阵阵春雷悸动，给两个古老的德昂族村寨带来了春的气息，就像德昂茶山萌发的绿芽，即将为上、下白露头的发展带来勃勃生机。

走进村子，我们一行人热烈的谈话，打破了村寨中午农忙时特有的安静。村民小组长和妇女家长都是老实、干事的人，也都算是村里的能人，对乡里的工作非常支持，这几天接连几晚上都在召开群众会，商量搬迁的事。赵队长一路给我们介绍着这几天开会的情况，他说，对祖祖辈辈居住在这里的群众而言，两个寨子的搬迁，可是了不得的大事，有了这样千载难逢的好机会，绝大多数群众的意见是搬迁，但实际操作下来，大家也存在很多的顾虑。搬迁点的选址、规划，村里五保户、孤儿、特困户的实际困难，项目资金的分配等等一系列的实际问题都需要广泛征求大家的意见，现在是众说纷纭，还没有形成定论。今天两位副乡长来了，希望再给群众讲讲政策，了解群众的真实想法，统一一下大家的意见，看怎么把这个好项目真正的实施好。

赵组长家里已经煮好了米饭，我们也从乡政府附近的集市里买了些蔬菜。简单的吃了午饭，我们决定在开群众会之前先到几户五保户、困难户家里走走。

五保户赵大叔的家，是用一排3间竹木搭建的小屋，年代久远，再加上8月份地震的影响，几根作为支柱的木梁已经呈60度左右的倾斜。乡民政办也多次来走访过，因为马上就有搬迁项目，就安排村里组织群众砍了些竹子暂时支撑。赵大叔对搬迁的事情不是很热心，多年来由于手部残疾，他已经习惯了在村里的照顾下生活，没有积蓄也丧失了劳动能力，是整个村里最困难的，也是搬迁的一个难点。接着我们又走访了七、八户群众，心里就基本有底了。

村长家的堂屋里、院场里挤满了开会的群众，农村里难得白天开群众会，但今天基本每户都有人参加了，人来得很齐。在村里开会，讲政策是一大难，景副乡长足足讲了一个多小时，会场里的秩序才基本正常。村民在了解了基本政策后，开始和我们进行讨论。通过热烈的讨论后，基本决定，先由群众推选成立搬迁领导小组，再提出了大家比较赞同的几个搬迁目的地；然后同意针对五保户、贫困户开展帮扶，2~3户结对帮扶一户，一定要整村搬迁；尽量在力所能及的情况下，投工投劳，节约资金。当村长宣布散会时，好多群众还意犹未尽，围着乡里面的工作队员提出各种问题。

吃完晚饭，入夜的德昂山寨，又恢复了往日的宁静。我们在夜色掩映下，借着手电筒的灯光，踏上了回家的路途。赵组长和几名群众一直把我们送到了山下停车的地方。我们约定，下周安排乡土地所、水管站等部门到今天群众会上提出的搬迁目的地实地察看，尽快确定搬迁统建点。

回到乡政府，夜已深沉，但我还没有一点睡意。因为一个新的提案构想已经在我脑海里成型——这就是在全国政协十一届二次会议上提出的《关于将漏列人口较少民族行政村、自然村纳入国家扶持的提案》，即扶持特有、较少民族加快发展，需要因地制宜提出更多的新思路，更需要像上海等发达地区的支持和帮助。我想以云南省德宏州梁河县的阿昌族、德昂族为例，向国家民委提交一份提案。相信在党和国家扶持特少民族政策春风的吹拂下，像本文中所述的上、下白露头等少数民族村寨，一定会旧貌换新颜。

秦 和

简 历

秦和,女,满族,出生于1963年9月,教育学博士,教授,吉林华桥外国语学院院长,第五届"中国十大女杰",获得"全国五一劳动奖章"。十届吉林省政协常委,民进吉林省委副主委;中国妇女第八、九、十大代表,吉林省妇联第十、十一届执行委员会常务委员;中国民办教育协会副会长;中国高等教育学会教育评估分会常务理事、副理事长;吉林省巾帼志愿者协会会长;中国人才研究会妇女人才专业委员会理事;吉林省委决策咨询委员会委员;吉林省高等教育学会常务理事;吉林省第二届高等学校设置评议委员会委员等职务。第十一届全国政协委员。

我的三份提案是怎样提出的

秦 和

政协十一届二次会议期间,我先后提交了《对汉语言文字规范化的认识和建议》、《对制定和实施"国家级示范性民办高校建设计划"的建议》、《对加快农村中等职业教育发展的认识和建议》三份发言材料及内容相同的三份提案。这些建议和提案已经得到了国家相关部门、媒体和社会各界的重视。这里,我简要地向读者介绍一下这三份提案形成的过程。

第一份提案的提出是与我个人的工作经历直接相关的。有一次在国外参加研讨会,我发现我国许多金融、经贸人才缺乏外语交际能力,而外语人才又缺乏经济和管理等专业知识,而且对自己的母语——汉语也掌握得不是很好,很难适应改革开放和国际交流的迫切要求,当时我心里就萌动了办一所语言学校的念头。为了筹集办学资金,我创办了一家翻译公司。在创办翻译公司的过程中,我遇到最大的困难就是翻译队伍的组建,好的翻译工作者颇为难找,常常是汉语基础好的,外语基础较差;而外语基础较好的,汉语又不过硬,把外文资料译成中文时,往往不够准确,流畅。这种情况表明,我们国家在汉语言文字的使用上,在汉语教学上还存在着某些薄弱环节。为了进一步实现为国家培养语言类人才的梦想,我创办了吉林华桥外国语学院,这所学院从创办到现在已有14年之久,现设有汉语、英语、日语、俄语、德语、法语、西班牙语、韩国语、葡萄牙语、意大利语等10个语种,并且对外语专业的学生要求在做好中国人、学好中国文化和文字的基础上再学好外国语。学校在校生已达7000多人,并且与省内高校实施了联合培养硕士研究生的项目。此外,我们还招收了部分外国留学生,进行国际交流和国际化教育,同时积极推广和宣传中国文化和汉语言文字。目前,我们已被省政府批准为省属重点高校,同时也正在向省教育厅和国家教育部申请专业硕士学位授予权。应当说,我们的办学是有成绩的,教育部、省政府和社会各界对我们都给予了大力支持。

民办高校办学经验交流会在吉林华桥外国语学院召开

对此，我本人深受鼓舞，并且经常思考，在政府的支持下，在政协系统的关心下，如何把学校办得更好，办得更有特色，质量更高。

但是，在办学的过程中，我逐渐发现了一个很突出的问题，虽然我们二本招生的总成绩不算低，外语成绩也很好，但其中有部分学生，语文基础很不理想，不少学生缺少语法修辞知识，文字功夫很差，错别字连篇，甚至有个别学生不会撰写毕业论文。这就使我们在新生入校后，不得不拿出一定的课时来补汉语课，从而大大影响了专业课的教学。我们虽然是在办外语学院，但试想一个母语都掌握不好的人，又怎么能学好外国语呢？又怎么能从事翻译工作呢？由此，我更强烈地感受到，对汉语言文字使用的规范化问题，是一个重要的问题，需要认真研究解决。

有了这个想法，我有意地去了解长春市中小学的语言教学情况，学生的作文情况；开始注意一些出版物、媒体关于语言的使用情况；对街市上广告牌上使用的文字、电视屏幕上所显现的文字情况更加关注。同时对国家语委颁布的一些法规文件也进行认真的学习研究，向一些有语言文字修养的学者进行请教。我得出的结论是：当前我国语言文字使用中有许多不规范、不健康，甚至混乱的问题。比如，生造词汇，繁简混用，乱用外文，标新立异，粗俗低下，错字别字，随意制造所谓的"网络语言"、"火星文"等等，不一而足。

在我国的语言文字使用上之所以出现了上述不规范、不健康，甚至混乱的问题，主要是由下列几种原因造成的：一是某些媒体、出版物在语言文字使用上的误导和编辑出版界缺乏相应的责任心和严格的审查；二是计算机的广泛使用而缺乏对语言文字正确使用的有效引导；三是中、小学语文教学要求不够严格、规范；四是国语教育与外语学习的辩证关系处理失当；五是全社会对语言文字的规范使用问题缺乏统一的认识。

正是在这种认识的基础上，我觉得作为一名教育工作者，一名政协委员，有责任也有义务向国家有关方面提出我的看法和建议，以推动我国的语言生活向健康、规范化的方向发展。

第二份提案的提出，也是同我的工作有直接联系的。前面我向读者介绍过我已经从事了十几年的民办高等教育，作了十余年的民办大学校长。每年都有许多机会和国内外大学的同行进行交流，其中和民办高等教育的同行们交流的机会更多一些。特别是在我担任了全国民办教育协会副会长以后，这种交流就更为频繁。比如，中国民办教育协会提出的《中国民办教育改革和发展调研报告》（内部讨论稿），我就曾参与其中的讨论。在这些交流活动中，大家一致认为，这些年来我国民办高等教育的发展，扩大了我国高等教育的规模，提高了我国高等教育的总体实力，缩短了我国进入高等教育大众化的历史进程；拓宽了高等教育的资金渠道，增加了高等教育的投入和资金供给；推动了高等教育办学体制、投资体制、管理体制的深化改革。同时为社会创造了许多就业岗位，推动了社会消费额的增加。应当说，民办高等教育的发展是功不可没的。《民办教育促进法》颁布以来，国家和地方以及政府对民办高等教育的发展也都是关心和支持的。但是，在这些交流中大家也感到国家在对待公立高等学校的发展与民办高等学校的发展上还是有相当大的区别。比如，国家为了推动普通高等教育的发展，实施了"985工程"、"211工程"，对纳入计划的学校加大投入，重点扶持。对高等职业教育制定和实施了"国家级示范性高等职业学校建设计划"。唯独没有考虑把民办高等学校纳入重点建设计划。当然，由于社会的和经济方面的诸多因素，目前有些民办学校，包括民办高等学校，办学还不够规范，有的学校，在资金、财务、管理、质量等方面还存在着一些不容忽视的现象，这是客观存在的。然而，也必须看到，民办高等教育的主流是好的，对于那些办学指导思想端正，坚持公益性办学，认真贯彻党的教育方针，尊重高等教育规律，依法办学，从严治教，教育教学质量好的也应当把它们纳入重点建设的范围。考虑到国家各级财政的状况，政府也可以不投入，但只要把其中办得好的民办高校纳入重点建设计划中去，对全国的民办高校的发展就会产生一种"示范"和"引领"的作用，对于推动和规范整个民办高等教育的发展是有积极意义的。作为民办高校的校长，在与同行的交流中我发现与我有同样想法的人不少。去年年末，中国高等教育学会在杭州举办的一次专门研究民办高等教育的学术讨论会上，也有人明确提出了类似的意见。我作为政协委员，本人又是从事民办高等教育工作的，我觉得我有责任和义务，把民办高校同志们的这些思考和要求写成提案反映给国家相关部门。

第三份提案的提出也不是偶然的，是去年我和一些同志认真学习《中共中央关于推进农村改革发展若干重大问题的决定》时产生的想法。学习这个文件以后，我又学习了国家2005年颁布的《关于大力发展职业教育的决定》和教育部一系列的相关文件。也和从事中等教育的一些同志进行了一系列的探讨，考察过中等职业学校的状况，也和一些学生家长做过交谈。主要感受是，国家虽然十分重视中等职业教育的发展，但许多政策落不到实处，中等职业学校面临着许多严重的问题，甚至生存的危机。主要表现在招生困难，管理困难，资金短缺，师资不足，定位不准，质量不高，专业人才培养规格与社会、市场要

吉林华侨外国语学院院长秦和教授赴韩访问期间与该校在庆南大学的留学生在一起

求严重脱节。产生这些问题的原因有两个方面：一是社会因素：社会上鄙薄农村职教的传统观念根深蒂固，学校及教育行政部门在导向上存在误区；高校扩招刺激了人们对"普高"教育的要求，对口招生对农村中职拉动乏力；经费投入严重不足制约农村中职的发展；用人单位对学历要求盲目高移，农村中职毕业生出口狭窄。二是学校内部因素：主要表现在人才培养规格和培养目标的定位不准，办学方向和专业设置与当前农村经济发展不相适应，文化基础课与技能训练课的学时比例不科学，实验室设备缺乏或陈旧，实践教学的场地不足，导致学生动手能力差，知识、能力结构不合理，人才培养质量低，这正是制约农村中职发展的瓶颈。中等职业教育的现状及其存在的一些问题也是需要政府认真研究解决的。我作为教育工作者，又是政协委员，这样的社情民意我是有责任和义务在政协会议上提出的。

　　反映社情民意，积极参政议政是政协委员的职责。我作为政协的年轻委员一定努力向老同志、老委员认真学习，努力把政协委员的工作做好。

王 兴 东

简 历

王兴东，满族，第九、十、十一届全国政协委员，中国电影文学学会会长，北京电影家协会副主席，一级编剧，北京电影学院客座教授。其编剧电影《飞来的仙鹤》、《我只流三次泪》、《解放》、《留村察看》、《蒋筑英》、《孔繁森》、《离开雷锋的日子》、《良心》、《法官妈妈》、《生死牛玉儒》获得华表奖，中宣部五个一工程奖。因创作《蒋筑英》、《离开雷锋的日子》剧本两次获得华表奖最佳编剧奖和13届、17届金鸡奖最佳编剧奖。《天国逆子》在东京第七届国际电影节获得大奖；《鸽子迷的奇遇》1987年获印度第五届国际儿童电影节金奖；《建国大业》、《辛亥革命》电影剧本是他与陈宝光合作的史诗影片。

为写剧本的人群写提案

王兴东

现在有些新电影上映,根本不宣传是谁编剧的,媒体只热衷炒作明星,宣传导演,还有某些导演干脆把影片揽为自己的作品,人为地把首创一部影片的编剧,推到被遗忘的角落。如同在人们听《命运》交响乐时,只让你记住指挥家和演奏员,而让你遗忘掉作曲家贝多芬一样。这样一来,在我们欣赏这些文化成果之际,却同时滋生了不尊重首创,漠视发明者的恶习,这真是我们建设文明社会的悲哀,更是阻碍发展影视产业的痼疾,也说明了当今在人们的头脑中,特别是从事文化产业的人的头脑中还严重缺乏知识产权意识。

人所共知,电影是从剧本开始的,没有剧本就没有电影。美国编剧的罢工使好莱坞电影工业全面瘫痪,向世界演绎了一个不争的事实,剧作家掌握着电影产业的第一把钥匙,没有编剧笔下的文学形象、故事情节,再显赫的导演、再大牌的演员、再先进的高科技手段也无用武之地,电影剧本作为独立的具有著作权的文学创意,是电影产业的根，是源，是本，是命，是拉动这个产业的火车头，一句话，维护编剧的权益就是维护影视产业的基础，保护剧本的版权就是保护影视创作的命脉。

一、代表群体利益，捍卫法律尊严，履行委员职责

我从事电影编剧35年了。1998年我被推选为第九届全国政协委员，随着文化产业的飞速发展，影视产品已经成为人们日常精神生活中的主要食粮，因此，我就倍加关注影视剧的创新与发展，特别关注影视产业发展的基础到底稳固不稳固，换句话说也就是如何维护好编剧的权益问题。

《著作权法》赋予编剧创作的剧本12项权利，即发表权，署名权、修改权和保持作品完整权，摄制权、改编权、广播权、翻译权、汇编权、信息网络传播权，报酬权和荣誉权。

我进入电影业时，编剧无论大小，署名总是在影片中第一位出场的。然而，随着影视产业走到当今，各种影视文化公司的参与和多种利益的驱使，使编剧的署名权受到严重侵害。仅举电视剧《三国演义》的署名排列为例，首先是总策划、总监制、总顾问，在第13位才出现"原著：罗贯中"，再后才是编剧。这种本末倒置，违反科学程序的排列现象如今早已是见怪不怪，或已是司空见惯了的。甚至有的电影把编剧打压在片尾，摆放在司机和茶水一大堆署名者中间，将拥有第一版权的编剧排挤到这般的地步，淹没和掩盖原创的作用和价值。再看看各种海报、宣传画报、DVD封面都不标明编剧的姓名，真是岂有此理！确又已积恶成习。

署名权是标明作者身份的权利，也是人权。排位序列看似小事，却反映出一个国家对创作的态度。实际上也就是一个国家和社会的文明的程度。如今有的导演在影片上明确标明"×××导演作品"。而《著作权法》第15条规定："电影作品和以类似摄制电影的方法创作的作品的著作权由制片者享有，但编剧、导演、摄影、作词、作曲等作者享有署名权，并有权按照与制片者签订的合同获得报酬。电影作品和以类似摄制电影的方法创作的作品中的剧本、音乐等可以单独使用的作品的作者有权单独行使其著作权。"

影片的版权归制片人所有，导演若不是制片人的话是没有版权的。一个集体创作的成果，怎么能归为个人的作品？这种违法的现象，目前尚无人纠正。

美国电影所以称雄于世，首先是高度重视作家编剧的版权，奥斯卡奖为剧本设立两个金像奖：最佳剧本原创奖和最佳剧本改编奖。而在我们中国有影响的大众电影百花奖至今不设"编剧奖"，百花奖排除了编剧，让编剧们非常寒心，所有从事电影创作的人都清楚，承担从无到有的创作时，编剧首当其冲；而到了评功论赏时，彻底抛弃编剧，这种过河拆桥的行为，对于电影的可持续发展是一种严重的伤害。金鸡奖只设一项编剧奖，还给空缺了6届，可见编剧地位被轻视到何种程度。

影片成功后，鲜有评论家从原创剧本来分析影片的，鲜有演员获奖感言谈及剧作提供的角色的，鲜有导演谈到编剧创作的故事的。《法官妈妈》电影得了百花奖，我去无锡领奖，却因为我是编剧，拒绝让我通过星光大道走红地毯进入会场，理由是"只有演员和导演才能走星光大道"。

美国编剧罢工是为了向互联网和手机要报酬分成,而我们中国百分之九十编剧都有被拖欠剧本报酬的遭遇,甚至影片上映发行了,依然拖欠剧本稿酬不给,恶意欠薪事件,屡有发生。最典型的案例是,青年编剧王伊因为追讨电视剧稿酬尾款6万7千元,遭投资方赖账拒付,并威胁她说:"如果你敢起诉,我拿出10万元找人把你做掉。"王伊听后惊诧不解地问:"你总共才欠我6万多元,给我不就完事了,何必要花十万杀我!"真是咄咄怪事!此案后来虽经法院判决了,但至今也没有支付稿费。

对于当下在北京靠写剧本谋生的青年编剧们,他们的权益被侵害得更为严重,没有署名权,拿不到稿费,这情形如同欠农民工工钱一般无二,关乎到这些年轻的同行们的生存问题。我以为政府和有关部门不能再任其发展下去了。

在这样飞速发展和裂变的影视文化产业中,普遍存在着侵权与盗版的现象,编剧的构思和剧本创意,被抄袭剽窃,时有发生。"修改权"和"保护作品完整权"是法律赋予编剧的权利,当下常常是不经编剧授权而随意篡改剧本,什么"加戏加出个女主角",雇用枪手肆意篡改原作,将原剧作修改得面目全非,以致最后连编剧都看不懂自己的电影了。这种现象在业内十分普遍,"保护作品完整权"的法律规定已成为一纸空文。

由于缺少政策和制度维护编剧的权益和智力成果,有能力的人不再热衷从事这个"出力不讨好"的尴尬职业了。因此,坚守编剧职业的人少了,想当导演制片的人多了;深入生活的少了,闭门造车的多了;自主原创的少了,改编翻版的多了。"忽如一夜春风来,所有经典全重拍。"改编老电影,翻拍旧故事,嚼别人嚼过的馍,让观众吃回锅菜，啃回头草，暴露了中国影视原创能力不足，自主创新疲软，实际上暴露的是影视产业在剧本创作和文学创意上的严重缺失。还谈什么健康、持续性发展呢？

编剧从事的是从无到有的创造，是艰苦、细腻的情感活动，任何好的作品都是作家长期生活的积累，经过酝酿、构思形成文字后并反复修改而成的，可谓是耗时长，劳动强度大，成活率不高，报酬少，待遇差，地位低，成功了都是导演的、明星的，付出的是高强度的脑力劳动，却得不到应得的收获。

美国编剧维权采取罢工游行，中国编剧维权是依法提案。我作为编剧界的委员，通过连续提案，建言献策，先后写了《关于依法维护影视编剧权益，保障使用剧本获得报酬权利的提案》、《建议电影百花奖要增设编剧奖，评奖要体现首创原创的核心价值》、《对"电影产业促进法"有关剧本著作权的建议》、《关于广电总局出台规范字幕的建议》、《建议影视拍摄立项严格履行剧本授权书制度》、《建议重大题材剧本创作深入生活采用项目经费申报制度》、《剧本著作权的合法性决定影视片的合法性、行政审查要依法维护著作权人的合法权益》等涉及剧本权益的提案。我和张抗抗提出的《建议华表奖、金鸡奖、百花奖、飞天奖——增设"最佳改编剧本奖"》提案，虽已连续提了两年，由于有关部门的答复不能解决问题，今年还要提的。增设"最佳改编剧本奖"，主要是为了体现尊重原作者以及改编者的劳动和权益，实现公平竞评的原则。为此我们希望这个提案能引起全国作家及全社会的关注，其目的不在于设立一个奖项，而是如何在全社会和公民心中树立起尊重原创和首创的意识，激励人们在各行各业上有所创新、有所发明，从而推动整个社会的进步和可持续性发展，这才是本提案的真正用意。

特别值得一提的是,建议行政审查影视片中,切实维护《著作权法》赋予剧作家的权益,不希望看到侵害编剧权益的作品在国家影视审查中通过放行,助长侵权者的行为。特向行政审查部门提出三点要求:"一、凡有侵害编剧署名权的影视剧,审查中责令修正,不修正者不予通过。二、凡违约拖欠编剧稿酬而引起法律诉讼的影视剧,一律不予审查,不批准放映许可。三、凡是不经编剧授权同意,恶意篡改歪曲剧本原意而引起版权诉讼的,一律待法律判定后方可予以审查影片。"

该提案得到34位政协委员的联名支持。在社会上发表后,引起广泛的反响,尤其是一些个体写作的弱势群体编剧们,纷纷表示赞同。试想,如果审查部门能够负起责任,诸如像王伊那样的欠薪悲剧就不会发生。现在法院判决了,影片也播出了,六万稿费至今没有支付,等于通过发行了一部侵害编剧报酬权的作品。

然而,广电总局的答复是:"我们只审内容,不涉及著作权。"这个答复是对《著作权法》的无视和行政不作为。我对答复表示不满意,已经退回。中国文联对于百花奖设立编剧奖有了答复,但是在今年的大众电影百花奖上没有落实。

二、为影视产业铺轨,为知识经济建制

英国女作家罗琳创作的《哈利·波特》,华纳公司连续拍了7部电影,收入了60多亿美元,打造了全球影视文化产业的奇迹,作家本人版权收入10亿多美元。事实证明,作家和编剧首创的故事和文学形

象，一直作为知识产权贸易的大生意操作和经营。

当今世界进入知识经济竞争的时代，中国是影视文化资源的大国。迪斯尼公司拿走了我们"木兰从军"的故事，做了一个动画片，在世界上创收了12亿美元。守着如此丰富的文化资源，面对如此强大的竞争对手，谁来开发成影视产品，使中国从文化资源的大国，转化成影视产业的强国。无疑，开路先锋是编剧和作家。那么如何维护编剧和剧本的权益是不可小视的问题。世界上凡是影视产业发达的国家，均有完整的保护原创版权的制度。

中国的影视产业要发展，必须打击侵权和盗版，必须从源头上扼制住对于剧本的侵权。剧本的版权支撑着中国电影产业经济，是电影产业的源头。"剧作使导演有了工作，剧本使演员有了角色，剧目使投资者找到了运做的项目"。

作为编剧学会的带头人，我要为编剧们的权益而呐喊。但是，每一次看到提案的答复，都令我不满意，有些灰心，是继续为编剧的权益提案还是放弃？有人劝我，不要再提了，中国的知识产权意识没到那个境界，什么原创首创，什么内容为王？现在就金钱为王，中国编剧又不能像美国编剧罢工，你还是自己写自己的剧本吧。

在中国，知识产权的维权行动是艰难的，特别是在属于创意经济的影视界内，对此我自己是深有感触的。正是因为我创作了《建国大业》电影的剧本，并在创作过程中深入地研究了第一届人民政协的创建，看到那些我十分敬重的电影编剧的委员田汉、夏衍、洪深、阳翰生等参与了民主协商，完成了建国大业，尤其是田汉创作的《义勇军进行曲》还被定为国歌，我仿佛感受到前辈剧作家在履行政协委员的职能，坚定的参政智慧和热情的议政情怀，激励着我，鼓舞着我，面对着阻力，我必须像他们那样敢于谏言，勇于建言，作为剧作家的政协委员能够为国家文化建设留下一些制度，可能比留下一些剧本更可贵。

提案是政协委员的权利，也是向人民汇报参政的成果，通过两会媒体的宣传，中国编剧维权已经为社会共知，全国的编剧们都提高了维权意识。《世界人权宣言》第27条规定"人人享有保护自己创作的科学、文学或艺术作品带来的精神利益和物质利益。"为兑现《宪法》"国家尊重和保障人权"的承诺，为落实胡锦涛总书记"依法维护文艺工作者的权益"的要求。我坚持为编剧维权提案，希望能促成一些新的制度产生。

让我没想到是，今年6月3日中宣部通知我参加一个小型座谈会，是政治局委员、中央书记处书记、中宣部长刘云山召集的，主要是针对当前影视创作发展的情况，搞调研，摸态势，查问题，让我畅所欲言。我带上所有提案涉及的问题和建议，面对面地向刘云山部长汇报。由于我连续几年的提案，关注的都是影视圈内编剧们的维护自身的合法权益和正当的要求，且言之有据，持之有故，他非常高兴地听着，并与我们五位参与座谈的人进行广泛的交流。

我一直期待着，中央领导能听到我们编剧的声音，并且能为编剧的地位、价值和作用讨个说法。

刘云山同志在中宣部、广电总局召开的影视创作座谈会上做了重要的发言，他说："剧本是打造影视精品的基础。剧本、剧本，一剧之本。对影视作品来说，剧本是源头、是根本，故事情节、人物形象、思想内涵等，都首先来自剧本的创意设计，必须高度重视剧本创作，为二度创作打下坚实基础。"

这是我参加影视创作以来，新中国电影发展至今，中央最高级别的领导人，给予编剧和剧本在影视产业创作中以历史性、科学性的定位，可以称作"81字定律"，解决了多年以来，忽视剧本创作，出现剧本荒的要害问题，定位准确，功能明晰，为影视创作指明了主抓方向，确定剧本是影视发展之根，规定剧本是影视创新之源，奠定剧本是影视繁荣之基。

看来，我的建议和意见表达上去了，并为中央领导采纳了，我很高兴。想一想，我这几年的提案，旨在建立起尊重首创，尊重原创，尊重版权的社会风气，推进我们国家知识产权竞争有序，健康发展，让世人通过中国影视屏幕看到一个高度守法、高度文明、高度发展、高度创新的中国形象。

民建中央简介

中国民主建国会（简称民建）是主要由经济界人士组成的、具有政治联盟特点的、致力于建设中国特色社会主义事业的政党，是中国共产党领导的多党合作和政治协商制度中的参政党。

民建在现阶段的政治纲领是：高举中国特色社会主义伟大旗帜，认真学习中国特色社会主义理论体系，遵循社会主义初级阶段的基本路线，积极履行参政议政和民主监督职能，致力于发展社会生产力，促进社会主义经济、政治、文化和社会建设，为把我国建设成为富强民主文明和谐的社会主义现代化国家努力奋斗。

民建在现阶段的任务是：围绕全面建设小康社会的奋斗目标，以促进发展为第一要务，充分发挥密切联系经济界的特色和优势，积极参加社会主义现代化建设的实践活动，针对改革开放、经济建设和社会发展中的重大问题，开展调查研究，反映社情民意，积极建言献策，更好地发挥参政党的作用，在推进我国的现代化建设、完成祖国统一、维护世界和平与促进共同发展的过程中作出应有的贡献。

1945年12月16日民建在重庆成立。现在民建在全国30个省、自治区、直辖市和大中城市都建立了组织，现有成员11万多人。民建第一、二届中央委员会主任委员为黄炎培，第三届中央委员会主任委员、第四届中央委员会主席为胡厥文，第五、六届中央委员会主席为孙起孟，第七、八届中央委员会主席为成思危，第九届中央委员会主席为陈昌智。

改变沿边教育落后面貌
推动边疆民族地区发展

——民建中央《关于解决边境少数民族地区教育问题的提案》背后的故事

民建中央

改革开放 30 多年来，中国沿海地区的发展取得了巨大成就，内陆地区也进入快速发展阶段。相比较而言，沿边地区的发展还严重滞后。我国共有 2.28 万公里的内陆边境线，其中 1.9 万公里分布在民族自治地方。135 个边境市县中有 107 个是民族自治地方，少数民族人口占当地总人口的 51%。由于基础弱、基数低，沿边地区的发展远落后于当地乃至全国平均水平，而且差距还在逐渐拉大。边境地区既是我国的门户，也是展示改革开放成就的窗口，推动沿边民族地区的发展不仅关系到对外开放整体水平的提高，更关系到边疆稳定和民族团结，对构建和谐的国内国外环境都具有重大战略意义。

2009 年初，民建中央把"推动沿边开放，促进少数民族地区经济发展"确定为当年的重点调研专题之一。2009 年 3 月 23 日至 4 月 1

日，由全国政协副主席、民建中央第一副主席张榕明亲自带队的专题调研组把调研的第一站就选在了云南和广西的边疆少数民族地区。

在云南调研听取当地同志汇报时，张榕明副主席听说边境少数民族地区教育还存在很多亟待解决的问题和困难，立即引起了她高度的关注。她在向地方有关同志了解情况的同时还深入到当地最基层的中小学校实地考察，掌握了大量第一手的素材。在随后的广西调研中，榕明主席也不忘了解边境少数民族地区的教育情况。在调研中榕明主席经常强调的一句话就是："对边疆少数民族地区如何支持都不过分！"

通过调研榕明主席了解到，西南边境少数民族地区大多较为贫困，缺乏资金，中小学校条件很差。很多学校采用的是泥木、土木、砖木结构，有的甚至就在旧宗祠、旧寺庙里上学。虽然通过了"普九"验收，但时间又过去十多年，虫蛀蚁蚀加之南方降雨量大，木结构房屋损坏严重。其中云南中小学 D 级危房居全国之首，全省 25 个边境县市中小学校舍建筑面积 656 万平方米，其中 D 级危房就有 102 万平方米，很多还处于地质灾害多发地带。截至 2008 年 9 月，云南腾冲全县中小学有危房 172569 平方米，中学 46233 平方米，小学 126336 平方米，占全县校舍总建筑面积的 18.5%；其中，D 级危房 167420 平方米，C 级危房 2979 平方米，B 级危房 2170 平方米。广西边境地区 8 县有 34 万平方米危房，中小学校舍面积中有 16% 极易形成 D 级危房。一些小学 50 平方米的教室要坐 80 个学生，孩子们肩膀间甚至没有空隙，隐患严重，在这种情况下一旦发生危险，后果将难以想象。

同时，中小学校普遍存在校园配套设施落后的情况，如广西边境县市有 37% 的学校饮用水不达标，47% 的学校没有标准公共厕所，37% 的学校没有围墙，场馆建设更加落后。

边境少数民族地区教育基础设施成本高，人口密度低，居住分散，只能采取集中办学方式。走读的学生需要每天步行数公里，甚至翻山越岭，十分辛苦；距离更远的只好选择寄宿，经济负担加重。有的家庭不忍孩子每天往返，又无力承担寄宿费用，学生因此辍学。地方政府积极解决，但还是无法满足实际需求。广西执行的是国家对贫困家庭寄宿生生活补贴标准，即小学每人每年150元，初中250元。云南在国家标准基础上对中小学各提高了100元，但平均下来小学生每人每天仍不到7毛钱，初中生不到1块钱。而学生每月寄宿生活费用为小学60元左右，初中80元左右，小学生平均每天需2元，初中生每天需2.7元，可见寄宿生活补助还远远不够。贫困导致学生无法完成学业，边境少数民族地区的受教育程度只能维持在较低水平。目前云南边境县市人均受教育年限仅为4.5年，低于全国人均水平8.5年，也低于云南少数民族地区的5.71年。拉祜族、佤族、布朗族、怒族、独龙族等民族人均受教育年限仅为3年左右，仅沿边乡镇就有文盲半文盲29万多人，占当地农村总人口的14.9%。

职业教育对于边境地区扩大就业、发展经济具有特殊的意义，但边境少数民族地区的职业教育发展普遍滞后。云南25个县市的中等职业在校学生与普通高中在校学生之比为0.24∶1，与国家和云南省提出的高中阶段在校生职普比大体相当的要求相差较远；中等职业学校的生均建筑面积只有8.14平方米，仅为国家标准的50%；中等职业学校教学设备设施紧缺，生均专用设备不足300元，生均图书不到5册，仅为国家标准的1/7和1/6。

中越、中缅边境地区的两国人民同属一个民族，语言、文化相同相近。越南、缅甸许多家庭愿意将孩子送到我国的小学接受基础教育，学习中国的历史、文化。虽然边境少数民族地区很重视华文教育，但由于条件有限，仍存在许多具体困难。中越边境地区广播电视发射功率不足，边民听不懂汉语，主要收听收看越南广播电视。

榕明主席在调研结束后立即将手边材料进行整理，形成了《关于重视和解决边境少数民族地区教育问题的建议》，并呈送中共中央政治局委员、国务委员刘延东。在建议里她指出，边境地区是我国少数民族聚居地区，教育长期处于落后状态，对于我国民族团结、边疆稳定、经济发展、人才培养都极为不利。为此，她提出了几点建议：

一是要尽快消除边境中小学校舍危房隐患。2009年4月份的国务院常务会议决定启动全国中小学校舍安全工程，特别对容易发生各类地质灾害地区的中小学校舍提出了具体要求。建议此项工作对边境少数民族地区校舍危房问题给予重点关注，考虑边境地区和少数民族地区的特殊性和基层财力的实际困难，加大中央补助比例，或将其纳入扩大内需计划有关建设项目中，切实保证危房改造的资金落实，特别是D级危房需尽早排查加固。在落实国务院提出建立健全所有中小学校、所有校舍的安全档案过程中，建议对边境少数民族地区情况进行专项统计、分析，深入普查，以便掌握情况，重点帮助。参照企业录用残疾人减免税等方法，利用税收等优惠政策鼓励沿边经济合作区的企业帮助捐建、修缮校舍，完善配套基础设施；吸引发达地区民间资金进入边境少数民族地区发展教育。

二是提高边境少数民族地区教育补贴。加快寄宿制学校建设，在合理布局的基础上实行相对集中，加强对寄宿生的管理。免收学生的寄宿费，教育部门设立专项资金对学校进行必要补助，避免学生因经济原因辍学。提高边境地区贫困家庭寄宿生生活费补助标准，补助标准要与实际消费相匹配，中央给予一定范围转移支付。边境地区相比全国来讲，人口和学校数量都不算大，建议能够解决的问题尽快解决，暂时不能解决的一旦具备条件优先考虑。保证教师工资水平稳定，通过定期对口支援等方式请城市地区教师支边支教，安排城市师范院校学生到边境地区实习实践，提高师资力量。

三是发展边境少数民族地区职业教育。根据边境少数民族地区的产业发展状况和劳动力整体情况，有针对性地开办职业技术学校，加强实用技术教育，如先进农业耕种技术、玉石加工手艺等，或为边境企业定向培养技术工人等，让边民多掌握一些谋生的本领。

四是加强对缅华文教育的支持力度。对缅教育对传播中华传统文化、联系侨胞、发展对缅关系等都有积极意义。建议在有生源需求的地方扩大侨生班规模，有条件的考虑设立对缅华文教育学校，给予专项资金支持，解决教师编制、工资、侨生的相关待遇等问题。在缅甸方有意愿的情况下，可加强合作，通过政府间协议方式协助缅方完善基础教育，推广华文教育。

同时还要加大广播电视发射功率，配备民族语言播音，解决边民收听收看我国广播电视问题。

《关于重视和解决边境少数民族地区教育问题的建议》提出后，边境少数民族地区教育问题也引起了相关领导的高度重视，中共中央政治局委员、国务委员刘延东对建议做了重要批示。民建中央也把此建议转化成为《关于解决边境少数民族地区教育问题的提案》，报送给全国政协十一届三次会议，并取得了良好的社会反响。

（民建中央调研部执笔）

陈 杰

简 历

陈杰，男，1947年2月出生，大学本科，十一届全国政协委员，致公党中央常委，四川省政协副主席，致公党四川省委主委。1970年大学毕业后到部队锻炼，1971年参加工作，先后任四川省纳溪县人民医院副院长、纳溪县副县长、泸州市卫生局副局长、局长，致公党泸州市委主委，泸州市副市长。1999年11月至今任致公党四川省第三届、四届、五届委员会主任委员（其间2000年4月至2001年9月任四川省卫生厅副厅长），十一、十二、十三届致公党中央常务委员会委员。2001年至今任政协四川省第八届、九届、十届委员会副主席，九届、十届、十一届全国政协委员。5·12汶川特大地震发生后，担任四川省抗震救灾指挥部绵阳工作组副组长，足迹踏遍了绵阳灾区的每一个重灾乡镇。2008年底担任四川省灾后恢复重建领导小组第三督导组组长，督导绵阳等灾区的恢复重建工作。

四海共补金瓯缺　天涯遍涌中华情
——"嘉奖海外侨胞"提案背后的故事

陈　杰

2010年十一届全国政协第三次会议期间，我向大会提交了《关于嘉奖海外侨胞在抗震救灾中的贡献，促进侨捐事业有序发展的建议》的提案。促使我提出这一提案的原因，是港澳同胞、海外侨胞对"5·12"汶川特大地震中灾区的无私援助，是他们为抗震救灾和灾后恢复重建所做出的巨大贡献。两年多来，许多感人的记忆一直萦绕在我的心头。

绵阳·平武县·南坝镇

绵阳市平武县南坝镇是"5·12"地震的极重灾区，也是我们四川省抗震救灾指挥部绵阳工作组的重点关注地区之一。南坝镇的石坎片区是当地资源丰富的矿产区，震前建有一批采矿、冶炼等企业，是平武县的工业开发区，经济发展较好，此次地震受到了极大破坏。

为了了解石坎的受灾情况，2008年8月从南坝到石坎的路一通，我就和工作组的同志赶到石坎去看望已经部分返回的乡亲们。南坝场镇到石坎片区的公路由于地震毁损严重，加上堰塞湖的破坏（南坝镇到石坎之间有文家山堰塞湖，石坎之上还有马鞍山堰塞湖），公路直到7月底才抢通，几乎是平武灾区最后抢通的片区。

2009年1月11日，陈杰委员（右一）在绵阳市平武县南坝镇询问恢复重建进展情况。

到了南坝，我们先到镇政府了解情况，南坝镇王镇长曾在地震时被坍塌的镇政府办公楼废墟埋压了4个多小时，左脚受伤至今行动不便。他说，部分石坎村民陆续回家，但由于破坏严重，条件艰苦，抢通保通任务十分艰巨，乡亲们面临重重困难。我们听后立即驱车前往石坎区。一路上，大家的心情都十分沉重。

到了石坎，当地的情况令我们十分震惊。由于受地震和堰塞湖泄洪的破坏，石坎区所有的厂矿企业和民房都已损毁，或厂房设施等垮塌，或被洪水掩埋，堰塞湖中，冶炼炉顶和楼房屋顶露出水面。村民居住较为集中的场镇已成为废墟。我们在"路"上剧烈颠簸、艰难前行一段后，只能弃车步行。已有好些群众返回场镇，搭棚而居；还有很多散居在堰塞湖边的农民更为艰难。

在步行的过程中，正巧碰上三位妇女拖儿带女，结伴返家。一打听，原来她们三人都在地震中失去了丈夫，又各带着两个儿女，她们就这样几乎是赤手回到业已荡然无存的家园。我与她们一边走，一边交谈。其中一位妇女告诉我，她丈夫在地震中遇难，公公婆婆亦有伤亡，剩下她和两个还未成年的女儿，一个12岁，一个3岁。地震前，丈夫开拖拉机运输矿石，自己开小面包跑客运，一年能挣6万多块钱，结余3万余元，日子过得不错。地震发生后，人也走了，车也没了，房子也毁了，还要独自抚养两个孩子。曾经的家如今只剩下一片瓦砾。

在交谈的过程中，这位妇女既有痛失亲人的悲痛，也有对未来生活的坚定信念；既有对政府援助的感激和期待，更表现出自力更生、从头开始的顽强。这让我们唏嘘不已。这些单亲家庭强忍痛失亲人、痛失家园的悲痛开始新的生活，他们在灾难面前迸发的强大生命力让人感慨。但他们面临的困难也是更显迫切和特殊，他们要独自承担起抚养孩子，重建家园的重担。

离开石坎之后，我一直在久久寻思，如何帮助这样一个特殊的困难群体？除了国家的援助之外，能否再向民间机构申请援助，帮助这些单亲儿童和单亲家庭？

2008年8月底，在绵阳市游仙区儿童"向日葵"夏令营结束时，我见到了全国政协委员、香港特区前民政局长何志平先生。何先生除

2008年6月26日,陈杰委员率队前往北川县陈家坝乡调研灾区安置情况

了关注夏令营之外,还详细地向我询问了解其他方面的情况,我不光介绍了抗震救灾总体的良好进展,也发自内心地介绍了南坝镇地震单亲儿童面临的特殊困难。分别时,何先生久久地握住我的手不放,诚恳地对我说:"陈主席,您刚才介绍的石坎地震单亲儿童的困难,让我来帮助他们吧"。

数日之后,在何志平先生的协调下,香港乐善堂主席刘文文女士等捐资100万港元,一部分用于采购游仙区小学校课桌椅,其余的20多万元人民币用于资助南坝镇的地震单亲儿童。在妇联、致公党绵阳总支同志们的共同努力下,这笔资金用于资助南坝镇60多个单亲家庭的100多名地震单亲儿童为期一年半的日常学习生活费用。此后,我们又用致公党中央的捐赠款购买了一批粮油慰问了石坎的受灾群众。这些资助尤如雪中送炭,帮助这些面临特殊困难的单亲孩子和他们的家庭解决了燃眉之急。

2008年5月21日，陈杰委员（前左二）在绵竹市九龙镇慰问受灾群众。

2009年底，我再次来到石坎，这里的民房大部分已完成重建，受灾群众也陆续搬进了宽敞、适用、安全的新家，居住条件比震前有很大改善。我也见到了上次与我交谈的妇女，她已经重新组建了家庭，用国家的补贴建起了新房，又过上了安定的生活。孩子们的学习随着生活的改善也完全进入了正轨。

绵阳·游仙区·"向日葵"灾区儿童夏令营

何志平先生2008年8月底到绵阳，是出席"向日葵"灾区儿童夏令营的闭营仪式。这个夏令营是海内外几家公益机构共同发起，或出资,或组织志愿者,通过上海映绿公益事业发展中心在绵阳游仙区实施的一个灾区儿童托管教育及心理抚慰项目,很多的港澳、海外和国内教育、心理干预、音乐、美术、体育等专业人士及志愿者轮流在灾后赶赴绵阳这个夏令营,在游仙区多个乡镇为受灾的孩子倾注心血。

为了让孩子们在大灾之后能够安全度过震后第一个假期,在愉快的氛围内尽快修复灾难带来的心理伤害,也为解除正在忙于灾后恢复重建的家长们的后顾之忧。从美国学成归来,从事多年公益工作的庄爱玲女士联合多家海内外公益机构策划实施了"向日葵"儿童夏令营活动。

2008年7月下旬,在游仙区政府、各乡镇政府、学校、老师和家长们的大力支持和配合下,通过庄爱玲女士和志愿者们的艰苦努力,夏令营将陆续在绵阳各地开营。我多次到这些板房中的夏令营看望老师和孩子们。每到一处,我都能切身感受到孩子们在活动中获得的快乐和愉悦,感受到来自海内外老师和志愿者们为此付出的心血,感受到他们那份拳拳爱心。孩子们通过唱歌、跳舞、绘画、表演、手工、课外阅读、学习科普知识等丰富多彩的活动,逐渐走出了地震带来的阴影,重新树立了信心。夏令营结束的时候,很多孩子已经和这些志愿者老师们建立了深厚的感情,难舍难分。不少孩子告诉我,参加夏令营这段时间是他们地震以来最快乐的日子。

阿根廷·布宜诺斯艾利斯

地震发生后,惨重的灾情引起了国际社会的广泛关注,特别是广大海外侨胞,他们通过我驻外大使馆、各地领事馆渠道,掀起了一轮又一轮的捐款支援四川灾区重建的热潮。

2009年2月，我随全国政协常委、副秘书长、致公党中央常务副主席王钦敏率团访问阿根廷、巴西。我向那里的侨胞介绍四川灾区的抗震救灾及重建情况，感谢侨胞们对祖国对四川的关心支持。沿途，我耳闻目睹了许多感人的故事，也亲历见证了侨胞们对祖国那份永不枯竭的挚爱，其中有在海外一边读书一边开店创业的留学生，果断拿出营业收入捐赠的；也有行动不便的残疾人侨胞不惧辛劳远赴绵阳在中央电视台同一首歌绵阳现场捐款、捐物的，凡此种种，不胜枚举，但是给我留下最深印象的却是一位普通的阿根廷侨胞募捐的故事。

在阿根廷首都布宜诺斯艾利斯，我驻阿根廷大使馆的曾刚大使向我们讲述了一个平凡的故事。

那是大使馆募集支援四川爱心侨资的一次捐款活动，活动一开始，许多侨胞纷纷涌到大使馆外的募捐箱，募捐工作十分顺利。

到了最后一天已经截止的时候了，使馆工作人员已经在那里一起清点数目了，一位穿着普通的男性侨胞匆匆赶到现场，捐了不多的一点钱，口里还喃喃自语："总算赶上了，总算赶上了。"然后他一脸疲惫充满歉意地说："不好意思，我来晚了，捐得也很少。我到昨天才刚挣够钱交完这个月房租，今天就把剩余的全部钱捐给灾区。"

我们都被这位普通的、生活状况并不好的侨胞的这颗金子般的心深深震撼，我激动地问大使他叫什么名字，我们要去拜访他，感谢他。大使说，这个侨胞没有说他的姓名，只是反复讲这是他应该做的。

我听到这里，眼眶湿润，久久无语，我的心里持续涌现的是：侨胞，就是你普通而自豪的名字，这个名字凝聚了千千万万海外赤子的爱国之情！

汶川县·映秀镇

2010年春节期间，我前往汶川县蔡家杠村慰问受灾群众。村庄做了重新规划，选择了完全的定居点集中建设新居，受灾群众用政府补贴和低息贷款，在广东籍海外侨胞、港澳同胞捐建的"侨心居"项目支持下，用俄罗斯木材等修建了新居。色彩明亮，规划整齐，社区配套设施完善的村庄在青山绿树中显得格外醒目。在这里，我见到了2008年胡锦涛主席在帐篷里看望过的村民马锡志一家，他们一家也修建了"侨心居"，住进了宽敞、安全、舒适的新居。他儿媳罗琼说，这辈子从没住过这么好的房子，感谢党、感谢政府、感谢海外侨胞。我了解到，在汶川县已建成2350户这样的"侨心居"，在广元青川等地，也随处可见这样的"侨心居"。

仅就四川省侨务部门的不完全统计，海外侨胞为四川省地震灾区捐建的学校、卫生院就有300多所，帮助2922户受灾农户重建住房，资助上万名灾区青少年和贫困群众。但广大侨胞对祖国的赤诚，对灾区群众的拳拳爱心，却是不能用这些简单的数字概括的，灾区群众的心中都为他们树立起一座感恩铭谢的丰碑。

我只想通过我亲身经历遭遇的一些人和事，表达内心的一种情结——这份自古以来永未断灭的爱国主义感情，将永远护佑着中国这个古老又年轻的国度，在今天，它在抗震救灾中迸发出惊人的力量；在今后，它还将在中华民族伟大复兴的征途中创造出震撼人心的奇迹。

2010年十一届全国政协三次会议期间，怀着这份情怀，我向大会庄严地递交了《关于嘉奖海外侨胞在抗震救灾中的贡献，促进侨捐事业有序发展的建议》的提案，建议对在抗震救灾和灾后恢复重建做出杰出贡献的侨胞进行嘉奖，并进一步规范侨捐工作，更好地落实广大侨胞的爱心捐赠，更好地发挥好侨捐资金、项目、物资的作用，凝聚起中华儿女那份伟大的爱国主义情怀，以促使人们永远铭记以爱国主义为核心的这份伟大爱心，让这面鲜艳的旗帜，让这团不灭的火焰，永远绽放出属于中华民族的瑰丽和璀璨。

高 杰

简 历

男,中国科学院高能物理研究所研究员,1961年11月16日出生于北京,博士生导师,中科院"百人计划"择优支持获得者,国家杰出青年科学基金获得者,国家人事部批准回国定居专家,北京大学客座教授。第十一届全国政协委员,全国政协港澳台侨委员会委员,中国致公党北京市委副主委,北京市侨联副主席。

1978～1983清华大学工程物理系获学士学位。1983～1986清华大学工程物理系获硕士学位。1986～1989中科院高能所攻读博士学位。1992年获法国巴黎XI大学(Orsay)博士学位。1996年获法国巴黎XI大学(Orsay)大博士学位。1989～1990法国国家科研中心(CNRS)直线加速器研究所访问学者。1990～1992法国国家科研中心外国科学家职位。1993～2004法国国家科研中心直线加速器研究所终身职位。2005年辞去法国终身职位回国,作为中科院"百人计划"在中科院高能所任研究员。

了解侨情，听取意见，建言献策，为侨服务

——记全国政协港澳台侨委员会代表团访问马来西亚、日本、韩国之行

高 杰

2009年6月23日至7月5日作为全国政协港澳台侨委员会代表团成员在全国政协港澳台侨委员会副主任林兆枢团长的带领下访问了马来西亚、日本、韩国。这次访问的目的在出访前的预备会议上定为：宣传政协、了解侨情、建言献策、改进工作。

自从我被通知成为代表团成员，2009年6月23日就是我的一个急切期待的日子。20年来我到过很多国家，有过数不清的国际旅行，仅今年4月和5月就分别作为代表中国的会议主持人和大会组织人赴日本和加拿大参加国际直线对撞机会议和国际粒子加速器大会，然而，当我登上赴马来西亚的飞机，忽然体会到一种久违了的感觉。那种感觉是在我20年前登上赴法国的飞机时体会到的，一种新奇，一种兴奋，一种决心。那时的新奇是由于第一次出国，那时的兴奋是由于终

于有了学习西方先进科学知识的机会,那时的决心是要一定学到真正的科学技术知识和科学精神,使自己成为一个对国家有用之才。而这次的同样感觉是由于一种新的使命,一种新的责任。

马来西亚是我到过的第一个东南亚国家,那里有 630 万华人华侨,约占马全国人口的四分之一。给我印象最深的是华人经济在马来西亚国民经济中占有的重要地位,马来西亚的华文教育水平,以及在马华人华侨对中马战略合作不断深化的期待。通过与华人华侨团体及中国驻马大使馆的座谈与讨论我对马来西亚的侨情和侨意有了比出国前更深刻的感性和理性的了解,深刻体会到了在这个郑和到访过的国家里华人华侨那种对祖籍和祖国的热爱、依恋,对中华文化的坚守和对住在国的忠诚和贡献。在座谈会上侨领们对中马关系、中国与东盟关系、华文教育、反独促统、联手抗击国际金融危机、支持华人华侨渡过经济困难期等问题提出了很好的建议。这次马来西亚之行使我对东南亚归侨侨眷多了一份了解,多了一份感情。

6月25日在结束了对马来西亚的访问后代表团经过一夜的飞行于26日凌晨到达了日本东京成田机场。成田机场对我并不陌生,每次去位于筑波市附近的日本高能加速器研究机构(KEK)进行合作研究时都要在成田机场转乘汽车,我近年来培养的博士生和博士后毕业后也大都赴KEK进行博士后阶段的研究工作。尽管在东京也有与我于2003年3月同期列席全国政协第十届一次会议的老侨和新侨朋友,然而,对于侨团总部的访问则是第一次。最令我感动的是对东京附近的横滨山手中华学校的老校和新校址的访问。横滨山手中华学校有着111年的建校历史,去年国家主席胡锦涛访问了横滨山手中华学校,这也是中国国家元首首次在国外访问侨校,这充分体现了国家对海外华文教育与中华文化传播的重视和关怀。在此后的访问中代表团还访问了神户建校 110 年的同文学校,在日华人华侨对华文教育的那份执着深深地感动了大家。在各种不同的座谈会上,大家对如何办好孔子学院和如何借助社会各界力量大力弘扬中国文化(如开展中秋祭、春节祭等活动)提出了很好的建议。在与旅日华人华侨代表、部分在日列席全国政协会议侨胞、中国侨联海外委员等的座谈会上,大家对如何解决华人华侨参与祖国建设和如何用好海外侨智为国服务等热点话题进行了深入与充分的讨论,为代表团回国后向有关部门建言献策提供了一手的素材。

与中国驻日大使崔天凯合影

结束了对有 60 万华人华侨的日本的 6 天访问,代表团于 7 月 1 日晚到达了出访的最后一站,韩国。我由于本职科研工作关系多次到访韩国大丘,来韩国首都首尔则是第一次。在韩国 60 万的华人华侨中新侨占 58 万。尽管旅韩侨胞是台湾对侨工作的重点之一,但旅韩华人华侨大部分赞成国家统一、反对台独。在与包括韩华中国和平统一促进联合会在内的首尔各华侨协会负责人的座谈会上，大家都积极表达了对祖（籍）国的热爱、关注和对国家统一的强烈愿望。那些带着浓烈山东口音的在韩侨胞给我留下了深刻的印象。与马来西亚、日本侨胞相同，在韩侨胞也对华文教育的话题与代表团进行了深入的讨论并给出了建设性的建议。代表团成员深深地体会到要使海外侨力得到涵养，要使海外侨务资源得到健康的可持续发展，全方位的文化传承工作就一定要得到国家的重视和大力支持。

12天的访问于7月5日结束了，在回国前的总结会上大家对此次出访取得的成果进行了总结，感到在了解侨情，听取意见，建言献策，为侨服务等方面取得了很大的收获，并为下一步根据调研成果形成相应的政协提案打下了基础。在回国的飞机上，脑海中回放着12天来的一幕一幕，作为一名全国政协委员，致公党党员，有机会为侨胞做事，为国家的侨务做事，我感到很踏实很幸福。

与横滨山手学校理事长合影

在 2010 年 3 月 3 日~13 日召开的全国政协第十一届三次会议上，根据这次出访的成果，作为提案和侨联与致公党联组会议上的发言，我提出了《关于驻外使领馆进一步做好海外高层次智力人才为国及回国服务的建议》，也实现了"了解侨情，听取意见，建言献策，为侨服务"的出访目的。

郭传杰

郭传杰，中国科学院研究员，博士生导师。中国科学院原党组副书记兼中国科学技术大学原党委书记。第十、十一届全国政协委员，政协科教文卫体委员会委员。

该为职教鼓与呼

郭传杰

在我四十余年的工作生涯中,虽然从未离开过科学、教育界,但却从未涉足过职业教育领域。出自一种研究学习的愿望和社会责任理念,2009年,我参加了农村职业教育调研组,考察走访了广东、广西和湖北的近20所各类职业学校,参加了教师节慰问团去宁夏,看的也是职校。一路走过,对原本陌生的职业教育,增进了不少感性和理性认识。集所见所闻所思,形成了《关于职教发展中的几个问题》的提案,于今年初提交到政协十一届三次会议。

"行必踏实"乃至理

职业教育与国计民生关系密切,作用巨大。德国、日本的产品,在国际市场上之所以名牌济济、信誉良好,具有很强的竞争力,究其原因,与他们多年如一日地高度重视职教事业,培育了大量职业道德好、职业技能优的技工人才相关。90年前,我国的教育先驱黄炎培先生,就开创了我国职业教育先河,创办了中华职教社,身体力行,亲自实践,为我国职教事业作出了开创性贡献。

在我国现代化建设过程中,职业教育肩负着培养成万上亿的高素质劳动者和技能型人才的重任,是实现国家工业化、信息化、城镇化的必然要求,是改善民生、促进就业,解决"三农"问题,建设和谐社会的战略选择。既关乎全局,牵涉长远,又是当务之急。

然而,过去一个时期,我们国家有关部门在职教工作的指导上有过偏误,结构布局上有过偏差,重普通高校而轻职业学校,甚至不惜以牺牲职教的发展为代价,通过"戴帽升级"的途径去发展普通高校。从而造成了"大学生找不着岗,中职生找不到人"的现象,出现了"研究生不如专科生值钱"的不合价值规律的情况。这些教育结构上的战略性失误,造成的影响是深远的,从总体上看,目前,职教仍然是国家整个教育事业中的薄弱环节。

2005年以来,中央、国务院多次强调,要把职教工作摆到更加突出更为重要的位置。我国职业教育事业于是站到了历史的新起点,开始迎来了快速发展的战略机遇期。

目前,全国的职教事业处于一个什么样的发展态势呢?

7月,走近广东顺德市的陈村技校和北窖技校,那绿荫掩映中的幢幢红楼以及宽敞明亮的实训基地,就让人眼前一亮,甚至心生疑问:这是职业学校?咋这么漂亮!陪同考察的市教育局负责同志看出了我们心中的疑惑,说道:"我们顺德这里,职教发展较快较好,得益于这里改革开放早,发展快,企业多,对技能人才需求强烈,需要量大。另一方面,职教事业的发展,对我们顺德的经济起到了非常明显的促进作用。"

9月,来到早秋的银川,北国的秋色还不显凝重,去年开工的宁夏职教基地正在热火朝天的建设之中。虽开工不足一年,但那已经耸立起的一片楼群和路旁摆成长串的规划展板告诉我们,再过一年,此刻此地,将是一个巨型规模、书声朗朗的综合职教园地。园区占地8.8平方公里,有12所各类职业学校,学生数量将达10万人。功能综合、公用共享的图书信息中心以及实习实训基地将先期建成投入使用。区、市领导指出,结合宁夏区情,建设职教基地,是实施教育富民、技能致富,促进全区教育、经济跨越发展,社会和谐进步的战略举措,要把基地建设作为执政能力和效能建设的重要内容抓紧抓好。

的确,在中央推动下,许多地方政府对发展职教的重要性认识已有普遍提升,各类的"工程"、"计划"正陆续出台。但是,以我们的调研所及,我感到,实处的努力与大处的认识相比,还有相当距离。比如,有的省市,在计划中规定了的投入,实际到不了位;即便有投入的地方,也主要体现在盖楼建房方面。许多软性花钱的工作,依然如望梅止渴,得不到实际支持。职教有职教自身的规律,从理念、目标到管理体制、运行机制、专业建设、教学环节、学生管理、校企合作、校园文化等等,都有自身特点,需要认真对待,需要落到实处,职教事业方能健康持续地发展起来。90年前,我国职业教育的创立者黄炎培先生以"四必"箴言为座右铭:"理必求真,事必求是,言必守信,行必踏实"。近一个世纪过去了,这副座右铭仍然光芒四射,有着强烈的现实针对性。

冷热悬殊隐玄机

每到一处参观，我总不大习惯于在陪同领导的簇拥下、在记者们的镜头前，按规定路线循序而进。一有机会，我喜欢溜到一边去，找些同学或老师问一问、聊一聊。这次参观考察的，多是农村职校，学生近九成来自农村。无论是正在机床上操作演示的学生，还是正在教室听课的同学，他们那十分纯朴、稚嫩，略带腼腆、羞涩的面孔，让我感到亲切、受到感染。在湖北的罗田理工中专考察时，这一感觉特别强烈。从他们的身影中，我看到了50年前的自我，当年中学时代的我，跟他们一样，也是大别山下的一个农村娃。

"你多大了？""16。""是农村的吗？""是。""离学校远吗？""邻县。""家里还有哪些人？""爸妈，在广东打工。""喜欢这里吗？""还行。""毕业后想干什么？""打工。""还想继续上学吗？""想。但不行。""为什么？"。在不同的地方，我问过不少同学类似的问题，对话基本上都是这个模式，孩子们回答简短，也很少有抬起头说话的。看得出来，这些农村娃与他们的父辈相比，是幸福幸运的，但与那些在城市里上学的同龄孩子比，明显欠缺自信，心里就像少了些什么。

近几年，社会舆论对职业教育进行了不少呼吁甚至追捧，咋看起来，似乎已经人人看好职教，前景一片光明。然而，调查稍微深入一点，就会发现，表层的"热象"中还藏着"冷"，社会对职教的认可度并没有太多实质性提升。例如,在招生时,学校一头热,家长一边冷;农村的孩子热,城市的孩子冷;在管理方面,主管者热,非直接管理者冷;管大学热,管职教冷(在教育部的厅局机构设置中,负责全国职业教育和成人教育的仅一个司,而负责大学相关工作的则有高等教育、高校学生、直属高校等7个司);在校企合作中,学校一方热,企业一边冷,等等。这些冷热不均衡的现象说明一点,就是职业教育在我国还是缺乏吸引力。

分析一下缺乏吸引力的原因,主要有:一是毕业后待遇过低。中职毕业生进入企业,身份与普通农民工相同,薪酬与农民工一样,继续"子承父业",何必白上几年学?二是职教体系不完善,只有"断头路",缺乏"立交桥"。教育部门还硬性规定,中职升高职的比例不得超过5%,一个愚蠢的政策把大批想进一步发展的有志青年学子压在了厚厚的天花板下。三是多数职校投入不足,质量较差,导致信誉不高,如此就吸引不来好的生源和师资。没有优质的生源和师资,教学质量更上不去,造成劣性循环。

缺乏吸引力、得不到社会应有尊重的事业,是难有生命力的,更谈不上持续发展。当此职业教育发展处于千载难逢的战略机遇时期,政府部门除了在财政、基建等硬件投入上要继续加大支持外,还应在制度设计上及早做出良性安排。例如,少来点"5%"式的卡式思维,多一些切合实际、有利发展的好政策,铺通连接立交桥的"关键一公里",使有志于进一步升学发展的学生还能专升本、专接本,甚至成为专业硕士,使大量就业的毕业生将来有良好的职场生涯,成为未来的技能专家、高级技师,使职业教育真正形成体制上开放、机制上灵活、形式上多样、内涵上丰实的活力体系。只有这样,我国的职业教育才能像黄炎培先生所理想的那样，成为面向人人的教育，贯穿终身的教育，惠及社会的大事业。

点面得当方成画

考察所到所看之处，的确看到了一些较美的职教风景，令人鼓舞。广西鹿寨的职教中心，是该县整合优化资源，集中财力建设的一所集学历教育、职业技能培训、农业科技培训和推广等多项功能为一体的单位，也是自治区的第一批示范性职业教育中心。中心校园450亩，规划总投资2.1亿元。该中心办得有声有色，规模质量堪称一流，很有看点。武汉市郊的东西湖职业技术学校占地200亩，建筑面积60000平方米。学校面向全国招生，生源辐射至全国十几个省，开设了食品生物工艺、电子电器应用、汽车应用与维修、计算机及应用等优势特色专业，已有较好声誉和影响。该校是武汉市首批重点建设的唯一一所优质职业教育资源学校，也是首批国家级重点职校。

看到这些，在欣喜之余，脑子里也在思考一个问题：全国成千上万的职校，有多少个这样的幸运者呢？答案是显而易见的。按当前许多政府官员的政绩观和潜规则，能引领考察团去参观检查的，必当是此地此类最好的单位，那些无缘被安排一看的大多数单位，肯定赶不上这些单位"优秀"，此其一。其二，就在我们这次参观到的职校，其间差距也很不小。在广西的某个职校，由于经费缺口，还有两个学生共用一块床板的现象；一些涉农职校，虽然担负着服务"三农"的直接重任，虽然在校名上做了些去农的文章，校园仍然楼舍简陋、道路崎岖，还是免不了相当寒酸的命运。

按理来说，干任何工作，当然得有重点与一般之分，办职校也不例外。但是，资源配置的差距得有个度，比例要确当，对于培养人才的教育机构，不同于一般生产物质产品的单位，更要如此，因为，大多数非重点学校的学生也是要进入社会的人才产品。据教育部提供材料，2008年，中央财政安排5亿元，支持了320个实训基地建设，9.8亿元支持100所国家示范性高职院校建设。但是，据不完全统计，2008年全国有中职学校14000所，高职院校1184所。那么，90%以上不是重点的职校，靠什么支持发展呢？前些年，在基础教育中，许多一般中小学还存在危楼破房的困境时，而少数示范性的重点校却比贵族还贵族。虽然职业教育的性质不完全等同于义务阶段的基础教育，但是，在同是为了培养人才这个根本目标上是一致的。因此，前已酿就、至今尚未解决的基础教育不均衡、不公平的大杯苦酒，不能不引为前车之鉴，当努力规避之。

规模质量务相宜

为满足经济社会发展的急需，最近几年来，我国职业教育在规模和数量上进入了高速发展的快车道，取得了可喜成绩。2003年以来，中职在校学生人数增幅达64%，到2008年，中职招生规模与普通高中的招生规模已基本相当。2006年我国中等职业学校招生748万，在校生达1810万。2008年中职年招生规模突破810万，在校生2087万，中职学校达14000多所。高等职业院校达1184所，年招生规模超过310万人，在校生达900多万人。

在规模发展的同时，应该同步注意教学质量的提升。我以为，在教育战线，质量与规模不能基本同步发展，将会牺牲相当一批学生的利益，对国家建设的发展害莫大焉。新世纪前后那几年，大学的规模扩张取得了很大进展，使我国高等教育整体上从精英阶段跨进了大众化发展阶段。但是，由于未能及时抓好质量，以至于出现"规模上去了，质量下来了"的遗憾和教训。现在，对职教的发展，应该努力做到规模和质量"两手抓，两手都要硬"，不能让职教事业重蹈旧辙，不能让这些家境贫寒的职教生再饮苦酒。

针对上述问题，在调查研究的基础上，我在提案中写下了五点建议：

一是加大对职教的投入。从职教基础能力建设到学生资助体系，都需要经费支持。地方政府要改变"求政绩、追表面"的作风，注重对大多数薄弱学校的支持。除政府财政加大投入外，还要加强吸引民间资本的政策力度。

二是加强职教师资队伍建设，构建教师培养培训体系。应抓住近年本科生、研究生就业难的机会，从中选择一批优秀人才进行培训后，充实到职业教育的师资队伍中去。

三是通过立法和机制建设，加强校企联合，共培职教人才。要改变目前职校主要靠朋友私情关系联络企业伙伴的尴尬局面，要通过税负减免、政策扶持、精神激励等机制，提高企业积极参与职校人才培养工作，健全校企资源共享、合作办学的网络体系。

四是加强教材研编工作，系统而又因行业制宜地编写出优秀的职教教材。目前，许多被调研学校反映，教材普遍缺少、内容杂乱，让师生难以是从。

五是加强职教规律研究，做好职教中长期发展规划。我国从事职教研究的人员甚少，而德国，仅联邦职业教育研究所就有 400 多人。要解放思想，研究职教规律，科学制定规划。

何 水 法

简 历

何水法：1946年8月生于杭州，1980年毕业于中国美术学院中国画系花鸟画研究生班。现为政协第十一届全国委员会委员，政协第十届浙江省委员会常务委员，中国美术家协会理事，中国美术家协会中国画艺委会委员，西泠印社理事，文化部中国艺术研究院研究生院教授，浙江画院国家一级美术师，福建省画院、福州画院名誉院长，杭州师范大学美术学院名誉院长，享受国务院政府特殊津贴。

《富春山居》盼归来

——《关于〈富春山居图〉合璧故里展出的提案》背后的故事

何水法

黄公望（1269~1354），中国元代画家，书法家，元四家之一。

原姓名陆坚，又名静坚，因过继浙江永嘉黄氏，遂改姓名，字子久，号一峰、一峰道人、大痴道人、井西老人和净墅等。

江苏常熟人。一说浙江平阳人。曾做过小吏，因受累入狱，出狱后隐居江湖，入道教全真派。工书法，善诗词、散曲，颇有成就。50岁后始画山水，师法赵孟𫖯、董源、巨然、荆浩、关仝、李成等，晚年大变其法，自成一家。其画注重师法造化，常携带纸笔描绘虞山、三泖、九峰、富春江等地的自然胜景。以书法中的草籀笔法入画，有水墨、浅绛两种面貌，笔墨简远逸迈，风格苍劲高旷，气势雄秀。黄公望的绘画在元末明清及近代影响极大，画史将他与吴镇、倪瓒、王蒙合称元四家。著《山水诀》，阐述画理、画法及布局、意境等。有《富春山居图》、《九峰雪霁图》、

《丹崖玉树图》、《天池石壁图》、《溪山雨意图》、《剡溪访戴图》、《富春大岭图》等传世。黄公望的山水画,很多创作于70岁以后。

《富春山居图》是黄公望在元至正七年(公元1347)七十九岁隐居富春江时所作,作三年而成,并题赠给了挚友无用禅师。

《富春山居图》画中描绘的是黄氏晚年山居的景色,有春明村、庙山、大岭及富春江等一带的山川景致。是富春江风光最佳丽的一段,烟、云、树、山、沙滩、林舍,无不具备。为了创作《富春山居图》,他在"领略江山钓滩之胜"时,"袖携纸笔,凡遇景物,辍即模记"。

在长卷中,富春江两岸峰峦坡石,似秋初景色,树木苍苍,疏密有致地生于山间江畔,村落、平坡、亭台、渔舟、小桥等散落其间。董其昌称道:"展之得三丈许,应接不暇。"确给人咫尺千里之感。这样的山水画,无论布局、笔墨,还是以意使法的运用上,皆使观者不能不叹为观止。正如恽南田所说,"所作平沙秃峰为之,极苍莽之致。"

此画传至明代成化年间,曾为大画家沈周所藏.至万历二十四年(1596年)归于大书法家董其昌所有。后为宜兴收藏家吴之矩(问卿)收藏。问卿酷爱此画如命,生前建富春轩珍藏,临死时定要以此卷投火为殉,其侄吴静庵(字子文)乘其颐乱之际,以他册调换,方免于难,可惜已烧去十之三四。

1652年,吴家子弟吴寄谷得到后,将此损卷烧焦部分细心揭下,重新接拼后居然正好有一山一水一丘一壑之景,几乎看不出是经剪裁后拼接而成的。于是,人们就把这一部分称做《剩山图》。而保留了原画主体内容的另外一段,在装裱时为掩盖火烧痕迹，特意将原本位于画尾的董其昌题跋切割下来放在画首，这便是后来乾隆帝得到的《富春山居图》无用师卷。值此，原《富春山居图》被分割成《剩山图》和《富春图》无用师卷长短两部分，身首各异。前半卷《剩山图》纵31.8厘米，横51.4厘米。后半卷《富春山居图》无用师卷纵33厘米，横636.9厘米。

乾隆十一年（1746年），有人把画的后段归入内府。那时清宫内亦藏有一卷黄公望《山居图卷》，乾隆皇帝对照赏玩，见两卷画同题，反认为残卷真迹是摹本。在梁诗正、沈德潜等大臣的附和下认定后者是赝品，编入《石渠宝笈》次等并命梁诗正书贬语于此本上。直到1816年胡敬等奉嘉庆帝编纂《石渠宝笈》三编，《富春山居图》始得正名被编入。1949年后，此卷运至台湾，藏于台北故宫博物院。

重新装裱后的《剩山图》，在康熙八年（1669年）让与王廷宾，后来就辗转于诸收藏家之手，长期湮没无闻。至抗日战争时期，为近代画家吴湖帆用古铜器商彝与人换得《剩山图》残卷。由叶恭绰加一跋，吴湖帆亦加一跋，并题《元黄子久富春山居图卷真迹烬余残本》，十分珍惜，从此自称其居为"大痴富春山图一角人家"。当时在浙博供职的沙孟海去上海与吴湖帆商洽，又请出钱镜塘、谢稚柳等名家从中周旋。吴湖帆被沙老的至诚之心感动，终于同意割爱。1956年，画的前段来到浙江博物馆，成为浙江博物馆"镇馆之宝"。

黄公望流传于世的作品极少，已知全部传世作品不过十几幅，因而弥足珍贵。历代画家都将能够一睹黄公望的真迹当作平生幸事，而大部分画家都只能以摹本作教材。

《富春山居图》较好的临摹本有五种，其中沈周所临（现藏北京故宫博物院，其余四卷均流传海外）因属背临，故董其昌认为"其肖似若过半"；邹之麟则是在吴问卿家中对着原图临摹，其形神更能接近原作。此两卷因其时原画尚为完整，故十分宝贵。邹之麟及王翚的临摹本，现已流传海外。

我的艺术生涯与《富春山居图》结下了不解之缘。

1968年，我师从著名画家陆抑非先生（1908～1997）学习传统中国画，前后30年，而陆抑非先生就是《剩山图》的藏者、中国现代绘画史上的重要人物吴湖帆先生（1894～1968）的入室弟子。1937年，陆抑非先生拜吴湖帆先生为师，直到1958年离沪入杭。

1938年，吴湖帆先生收藏《剩山图》，作为平生至爱，珍璧有加，他请名师精心装裱后，在前隔水亲题"山川浑厚草木华滋画苑墨皇大痴第一神品富春山图"，后隔水由吴夫人潘静淑先生题"吾家梅景书屋所藏第一名迹"，吴湖帆先生并自称其居为"大痴富春山图一角人家"。

陆抑非先生生前曾与我忆及吴湖帆先生往事，并提及师生同赏《剩山图》和吴先生最终决定将该画转交国家，由浙江博物馆收藏的轶事，给我留下了深刻的印象。

1972年，我结识了著名书法家、文博专家沙孟海先生（1900～1992），并向他求教书法，结为忘年之交。当他得知我是陆抑非先生弟子，即是吴湖帆先生的再传弟子后，也曾回忆和谈及吴先生向浙博转交《剩山图》的义举。解放后，沙孟海先生在浙江博物馆供职，其间数次去上海与吴湖帆商洽，又请出钱镜塘、谢稚柳等名家从中周旋。吴湖帆被沙老的至诚之心感动，终于同意割爱。1956年，画的前段来到杭州，成为浙江博物馆的"镇馆之宝"。

但是，名画一分为二，阻隔天涯的际遇，总是令人感慨无限。

《富春山居图》是以人力而得的天成之作，曾因个别收藏家的贪欲而致损坏，并因历史的演变而两地分隔，但终因有责任感的机构与藏家悉心呵护，得以有序流传，历经战乱而保存至今，使得我们有机会聚集各方识者的力量，让名画重新合璧。虽然展期只是短短几天，但足以弥补艺术史上的一个缺憾，这是每一个有远见的人都乐见其成的善举。我想，这也是吴湖帆、沙孟海、陆抑非诸位先生的一大遗愿。

早在去年"两会"前的提案工作准备中，我即已写出《〈富春山居图〉合璧故里展出的提案》，因考虑到2010年是《富春山居图》问世660周年，故斟酌后决定在今年"两会"中提出倡议，向浙江博物馆和台北故宫博物院商借《富春山居图》"剩山图"和"无用师卷"真迹，在作品诞生地富阳进行合璧展示。

黄公望流传于世的作品极少，已知全部传世作品不过十几幅，因而弥足珍贵。历代画家都将能够一睹黄公望的真迹当作平生幸事，而大部分画家都只能以摹本作教材。我长期从事传统中国画的研究与创作，对古代书画怀有极其深厚的感情，但我本人至今也无缘得见藏于台北故宫博物院那半卷《富春山居图》。

这次名画若能回归故里，合璧展示，也将与大熊猫赴台一样，成为两岸文化交流的新焦点和里程碑事件，堪称两岸在承继中华传统文明的共同使命感召下，一次名垂历史的文明盛事。其意义将远远超越合璧展出本身。

"天下佳山水，古今推富春。"黄公望晚年酷爱富春山水，在富春江畔富阳境内结庐定居，直至终老，《富春山居图》便是他在富阳隐居时所作。

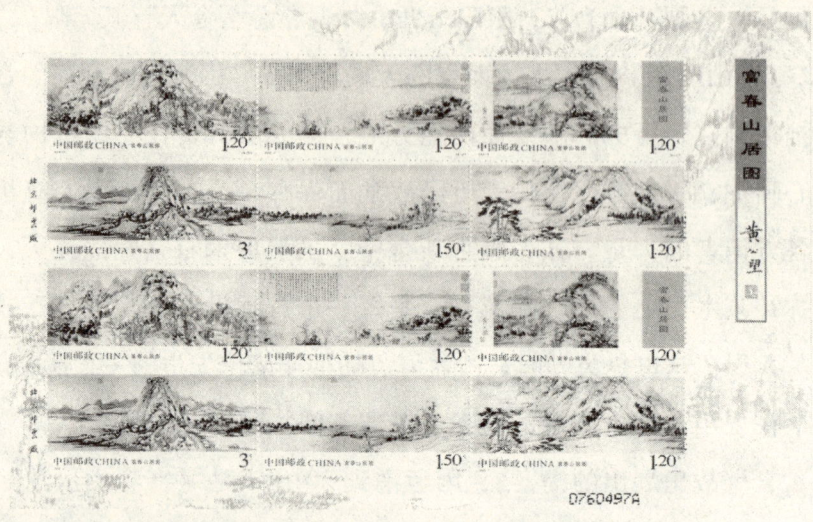

中国邮政于2010年3月20日发行的《富春山居图》特种邮票

近年来，我多次带领学生在富阳富春江写生观光，进行创作活动，富春江畔秀美的山水和植物景观，让我们难以忘怀。

《富春山居图》描绘的有春明村、庙山、大岭及富春江等地的山川景致，是富阳境内风光最佳丽的一段。

如果《富春山居图》在她诞生的地方合璧展出，也是特定现实背景下，各个方面都可以接受并容易促成的最佳场合。

在富阳合璧展示，名正言顺，真正体现了回归故里的意图。合璧展示活动，将极大提升浙江省、杭州市乃至富阳市的国际知名度与文化影响力，促进城市品牌建设。

在北京"两会"期间，我的提案也得到众多委员的签名附议，如王文章、郑欣淼、冯骥才、冯远、梅葆玖、刘大为等先生，他们在赞许的同时，给予了很多专业的意见支持。

尤其荣幸的是，我的提案也与温家宝总理在3月14日记者招待会上的深情表述不谋而合。

温总理在答台湾记者问时说:"我讲一个故事,你可以告诉台湾同胞。在元朝有一位画家叫黄公望,他画了一幅著名的《富春山居图》,79岁完成,完成之后不久就去世了。几百年来,这幅画辗转流传,但我知道,一半放在杭州的浙江博物馆,一半放在台北故宫博物院,我希望两幅画什么时候能合成一幅画。画是如此,人何以堪。"

总理说出了全体中国人的心愿。对于《富春山居图》在

2010年3月20日作者代表64万富阳市民宣读"《富春山居图》卷合璧邀约书"

诞生地的合璧展示前景,我认为希望很大,但还需要做很大的努力。名画的合璧展示有很多有利因素。一是两岸实现三通,日益亲近的心态,以及经济、文化高层次的交流,为名画合璧展出提供了良好的大环境。另外,之前台北故宫博物院与浙江博物馆已有过重量级的文物交流,这些都为《富春山居图》回归故里的可行性增加了砝码。

我自1993年首次赴台访问以来,长期致力于两岸的文化交流,取得了广泛的影响,与台湾文化界、宗教界等有志之士建立并保持良好的关系,作为"《富春山居图》合璧故里展出"的提案人,我愿意为名画的合璧展出作出最大的努力,同时也祈盼各方人士鼎力相助早日促成、早日圆梦

李大魁

简 历

1965年毕业于北京医学院药学系（后改名为北京大学医学部药学院），毕业后分配到北京市延庆县医院担任药师、主管药师至1979年。同年考入北京协和医院药剂专业研究生，1982年毕业，获硕士学位。毕业后留北京协和医院至今，主任药师。曾任北京协和医院药剂科主任多年。1982年参加UNDP举办的药剂学培训班（比利时），1991年作为访问学者在世界卫生组织（WHO）不良反应合作中心进修（瑞典）。现任中国药学会副理事长、中国药学会医院药学专业委员会主任委员，中国执业药师协会副会长，中国药典委员会委员、医学委员会副组长，中国药学杂志、中国药房杂志以及中国医院药学杂志副主编。WHO药物安全顾问委员会成员。主要从事医院药学，药剂学和药物情报工作。享受政府特殊津贴。第十一届全国政协委员。

"一盒药装几片"写成的提案

李大魁

几十年来,中国的药品包装走过一段曲折的过程。改革开放前,我国药品质量在当时算是很不错的,但是也像其他中国商品一样,由于包装简陋,买不出好价钱。在计划经济时代也不算个问题。开放后的市场经济潮流无情地将药品包装这个简单的事情卷了进去。80年代出现了异型包装的药品。如饭盒,高压锅,旅行箱等无奇不有的怪异包装。其目的是向医院或药店促销。不可否认,这也是药品市场开始无序竞争的危险信号。之后政府主管部门采取措施坚决制止异型包装的泛滥。随着新材料和包装技术进步,传统的玻璃瓶,玻璃管,透明玻璃纸包装逐渐淡出市场。取而代之是塑料瓶和水泡眼包装,这是技术进步。然而,我们逐渐发现,我们药瓶子和药盒里的药越来越少,甚至一个纸药盒就装一片药。慢性病病人医保报销可取一个月药量,通常需要一个塑料袋装回家。这些现象在社会上也逐渐为大家熟视无睹,很少有人对此提出异议。

今年春节前夕,我们北京协和医院药剂科的老主任陈兰英教授非常认真地向我们谈起这个问题。她是位糖尿病人,每天服用二甲双胍等口服降糖药。回国前在美国药房取药,一次就是一个瓶子三个月的药量(270片)。可是,回国后,每次去医院药房取一个月药量,竟然装了一塑料袋。打开一看每盒就装10来片药。她老人家语重心长地说:中国远没有美国富裕,怎么能这样浪费呢?当时正值哥本哈根减碳排量国际会议,要求我们必须要注意药品包装浪费问题。老主任的敏锐眼光和责任感使我们深受震动。按照陈兰英教授的要求,我们对慢性病用药的包装进行系统调查和分析,要用数据和证据在政协会上写出提案。

我们的工作习惯是不论问题大小,都喜欢用科研思维对待。为此组成以中青年为主的团队进行深入研究。我们首先找出国家对慢性病确定的范围,当然糖尿病肯定在其中。然后调查糖尿病发病率和增长趋势。由于Ⅱ型糖尿病治疗以口服药为主,用量第一位是二甲双胍。所以我们进一步调查中国上市的二甲双胍的厂牌、规格和包装量。同时调查发达国家和周边地区同样药品的包装量。我们吃惊地发现中国绝大多数是一周用药量的包装,而其他国家和地区通常是1月用药量的包装。

除数据调查外,我们走访几位生产企业的高管。为什么药厂喜欢生产看上去很大而数量却如此少的包装呢?他们答复很简单,大些的包装盒可增加顾客的视觉冲击力,包装带来的药价增加对医院有利无害(以药补医诱导)。从生产设备和成本角度,水泡眼绝对不是药厂的首选包装。他们对改瓶装的大包装非常欢迎。病人感觉那么多药盒容易用错药,占地方,易过期,最后空盒包装都是垃圾。医务人员反映开处方麻烦,药剂师坚决反对过小的包装,因为容易发生配方差错而且占药房空间。经过成本测算，水泡眼包装的二甲双呱如改成塑料瓶100片装，可降低药品价格6%，此药是全国4000万糖尿病人每天必用的药，可以节省的药费十分可观。节省纸质包装材料折算成碳排量的减少，也是对国家的贡献。

既然各方面都不喜欢小包装，从哪里下手解决呢？从上面的调查可以清楚看出，药品定价和报销的管理控制应是最有效的。简单说，报销的药费按每片计算，药厂就不会劳民伤财生产小包装了。在药品定价时，不符合临床需要的包装不予提价。相信这项利国利民的事情应该很快实现。

在一线工作的药剂师常常只关心药物的疗效和安全性，这项工作使我们把学术工作与卫生经济联系起来。国家开始富强，政府对卫生事业的投入也大大增加，但是我们不能忘记节约。开源和节流两手都应抓。当前对政府增加对卫生事业投入的呼声很强，但是社会上对医药资源节约的呼声还不够强，作为政协委员，工作在第一线，有责任也有条件为此做些建议性的工作。于是，我在政协十一届三次会议上提交了《我国慢性病用药包装过小浪费巨大》的提案。

简少玉

简 历

简少玉，女，1950年12月16日出生，台湾省台北市人，1969年2月参加工作，1975年7月建阳师范毕业，1984年5月参加台湾民主自治同盟。第十一届全国政协委员、台盟中央委员、福建省人大代表、台盟福建省委副主委、南平市人大常委会副主任、台盟南平市委主委、南平市台商投资企业协会名誉会长

情系民生履好职

简少玉

"政协委员既是政治地位和荣誉,也是社会职务和责任,既是联系群众的桥梁和纽带,又是反映群众意见和建议的代言人。政协委员对群众应有一种特殊的责任和感情,要时刻将人民群众的冷暖挂心头,急群众之所急,想群众之所想,忧群众之所忧。"这是我当政协委员始终牢记的话。

政治协商、民主监督、参政议政是政协的三大职能,写好提案、参与调研、反映社情民意是委员参政议政的重要形式,更是政协章程赋予委员的重要义务和责任。我作为政协委员,就要不负众望、不辱使命,当一天委员就要尽一天职责,把好事做实,把实事做好。为了能掌握第一手资料,能在有限的时间里更全面更及时地反映社情民意,我始终坚持"没有调查就没有发言权"的工作思路,把调研作为工作的重点之一,每年我都花费大量的时间下基层进行调研,从小事着手,从高处着眼,针对改革开放和经济发展中出现的新情况,围绕有一定政治影响、群众普遍关心的难点、热点问题,找准参政议政的切入点,努力写出高质量的提案和建议。我的调研工作总是零距离与群众和百姓交心，小到马路上一块路面的破损、"的哥"的牢骚话、老百姓的出行难，大到经济建设、社会事业发展、应对国际金融危机，我认为这些都是我履职的范围。2009年全国十一届二次会议期间提交的《关于发行"朱熹"纪念邮票的建议》被国家邮政局采纳，决定于今年10月发行《朱熹》纪念邮票等，在台湾的"朱氏"后裔中引起极大反响；《关于加大闽江上游水环境综合整治资金扶持的建议》，福建省环保局副局长叶南斗、自然生态处处长郑昭团、环境与发展报社记者一行专程到南平，征求我的意见和建议。在征求意见会上，我提出了应借鉴治理福建省九龙江的办法建立补偿机制，对优于水质执行标准或低于总量控制指标的，由该断面下游市、县（区）向上游市、县（区）提供一定的经济补偿，通过经济手段来激励上游地区治理污染、改善水质的意见得到采纳。福建省环保局会同省财政厅专门研究了经济补偿问题，决定从2005年至2010年，福建省财政厅将拨给南平市3000万元作为水环境综合整治补偿资金，用于闽江上游水环境专项综合治理；2005年1月，我连续三年在福建省"两会"期间反映和提交的《关于依法解决国有企业未剥离退休教师待遇问题的建议》被采纳，福建省财政厅、省经贸委、省教育厅联合下发闽财（教）指〔2005〕3号文，财政厅从省征收的地方教育附加费中下拨174.4万元解决南平市国有企业369名未剥离退休教师的工资待遇问题，南平和三明两地的国企离退休教师纷纷来电致谢，南平市政府及有关部门领导对此也由衷地说："简代表为人民办了一件实事"。在《九年义务教育法》执行检查中，我看到农村青少年失学和中途辍学现象严重，一些适龄儿童被拒之门外。我思考为什么边远山区的孩子求学如此艰难？为什么义务教育就不能惠及到他们？剖析问题存在的原因，提出了要进一步深化农村义务教育管理体制改革的具体建议。《关于扶持山区贫困地区教育事业的发展》的建议案被福建省政府采纳后，拨出专款10多万元用于政和县镇前镇中小学校的危房改造等。本着为人民服务的热忱，我的提案有的被评为重点提案或优秀提案，在社会上产生了良好的经济效益和社会效益，2008年撰写的《关于加快养老事业发展的建议》调研文章被台盟中央转化为党派提案，全国政协会议作为重要提案摘报；《关于建立健全官员滞留他国预警机制的几点建议》提案被台盟中央选为全国政协十一届二次台盟中央党派提案，《人民政协报》作了报道；近年来撰写的论文、调研报告先后有30多篇，在中共福建省委《调研内参》、《福建人大》、《福建统一战线》、《福建台盟》，以及《福建社会主义学院学报》、《闽北日报》、《闽北纵横》等报刊上刊登；《关于闽北农村卫生工作的现状与思考》的调研文章，省人大教科文卫委还专

作者赴基层调研

门作了批示要求全省各级人大教科文卫委作为参考；《南平市村民自治的现状与思考》一文，还获福建省人大常委会举办的纪念地方人大征文比赛三等奖。2009年南平台盟以地市级评比总分第一的成绩在连续四年获得台盟中央参政议政先进集体的基础上再次获得台盟中央年度参政议政先进集体，本人连续两年被评为台盟中央参政议政先进个人。

近年来，我在走访台资企业、接待台胞中，以及前往台湾交流期间接触的亲戚、朋友中，深深地感到海峡两岸同属中华民族的子孙，是一衣带水的同胞兄弟，有着无法割断的亲情和一脉相传的血缘关系。我作为居住在祖国大陆的台籍人士，最关心的仍然是台海两岸和平发展的问题，现在两岸关系面临难得的发展机遇，要开创和平发展新局面，就要对两岸关系中各类敏感的问题，进行一些理论、措施方面的研究和准备。从台胞的角度出发思考问题，要根据台湾与大陆社会制度不同、思维意识不同、生活方式不同的特点，区分不同阶层、不同产业民众心理，分门别类、有的放矢地开展工作，与他们加强交流沟通，并采取积极措施，使各界各阶层更广大的台湾同胞都享受到两岸关系和平发展的成果，增强对两岸关系发展的信心，把寄希望于台湾人民的方针切实贯彻到各项对台工作中，为台湾同胞多办实事、多做好事，积极推进两岸关系和平发展的进程，实现优势互补、互利双赢，使越来越多的台湾同胞在两岸关系和平发展进程中受益，不断壮大支持和促进两岸关系和平发展的力量。

我每年都积极撰写提案、议案20余件，其中就有不少涉及加强两岸交流交往的提案。今年在全国十一届三次会议期间我提交了《关于加强两岸人才交流与合作的建议》、《关于建立海峡两岸文化产业合作中心，共同打造"朱子"文化品牌的建议》、《关于设立省际司法协调机制，妥善处理台资企业权益的建议》等22件提案。为了写好《关于建立海峡两岸文化产业合作中心，共同打造"朱子"文化品牌的建议》提案，我从2009年4月~9月查阅了大量有关"朱子"的资料，同时还深入武夷山、建阳、建瓯，以及尤溪等地进行实地考察。据有关资料显示，清朝在统一台湾后，为稳定封建社会秩序，就提倡用朱子学治理台湾，朱子理学迅速在台湾传播，对台湾社会文化和教育产生重大影响。台湾与大陆之为一体，在三国时就见诸于史籍记载，当时的夷洲即今日的台湾，明清以来闽粤等地移民台湾的人口日渐增多；民国台湾学者连横在《台湾通史·风俗志》中说："台湾之人，中国人也，而又闽、粤之族也。"传统的人文精神在当代台湾文化中比比皆是，其核心是大陆的中原文化，它与大陆南方的沿海文化、荷兰及西班牙、日本的殖民文化，美国因驻防台湾而带来的西方文化混杂共处，共同奠定了台湾近代文化的基础。毋庸置疑，两岸文化是同根的，有着相同的文字、共同的语言和风俗习惯，这些都是基于几千年来文化传统延续的结果，虽历经沧桑，但台湾文化始终没有丧失中华民族文化的本质。政治上的隔膜并不能阻碍文化上的一体，尽管台湾文化是漂移的，但它仍离不开赖以生存的中国文化。

朱熹（1130~1200）是继孔子之后中国历史上最伟大的思想家、哲学家和教育家。他集孔子以下的学术思想之大成，形成儒学思想文化的杰出代表——朱子理学，被钦定为官方的正统哲学思想，构成中国宋代至清代以来（13世纪至20世纪）700多年间一直处于统治地位的思想理论，代表着具有普遍意义的传统民族精神，是东方思想史、教育史、哲学史和文学史上继孔子之后的重要发展阶段，其影响深入中国社会生活的各个方面，并漂洋过海，远及东亚、东南亚及欧美诸国,成为东亚文明的体现,至今仍吸引着世界上几十个国家和地区的专家、学者致力于朱子理学思想的研究。武夷山与朱子理学有着不可分割的联系。朱子理学在武夷山孕育、形成、发展。朱熹从14岁到武夷山,直到71岁去逝,在武夷山少年从学及后来著书立说、办学授徒,生活达50余年。朱子理学在这里萌芽、成熟、传播。朱熹在武夷山创办武夷精舍、考亭书院、兴贤书院等成为当时最具影响的书院,直接在武夷山受业于朱熹的学者达200人,使武夷山成为理学名山。此外,顾野王、范仲淹、游酢、白玉蟾、辛弃疾、陆游、熊乐、戚继光、蔡元定、陈省等名家在武夷山留下了堪称中国书法艺术宝库的摩崖石刻450多处,为武夷山留下极其珍贵的文化遗存。这些文化遗存与优美的自然景观相结合,与历史记载和中国现状相对照,对研究朱子理学和儒学思想的兴衰演变以及中国哲学思想史,其价值是非常珍贵的,是中国传统文化的瑰宝。在调研中,同时也发现在过去很长的一段时间里,对"朱子"及他的学说的评价是很不公允的,其影响直至今日;有人一讲到朱熹的学说,就是"客观唯心主义",就是"存天理,灭人欲",就是为封建统治服务的工具;由于"文革"浩劫,相当一部分人甚至不知朱子为何人。闽北作为朱熹生长终老之乡,朱子理学的发源地,"朱子"文化底蕴没有被充分挖掘,作用没有被发挥,其中既有客观因素,也有主观因素,造成"朱子"文化从研究到开发利用都不同程度存在一些困难和问题。目前台湾的学术界、文化界人士,尤其是研究朱子理学的一批学者、教授,每年都有大批宗亲到大陆各地开展交流,由于大陆研究"朱子"人员少,难以形成双向互动,严重影响了"交流"的深度和广度。如2009年由台湾朱子学研究会、台湾朱氏宗亲文教基金会主办的"台湾朱子之路研习营",来自台湾大学、东吴大学等多所知名学府的硕士生和博士生,以及大陆的四川师大、湖南长沙大学的的两岸师生在武夷山参观了南宋理学宗师朱熹的古迹,走访书院,并聆听当地朱子文化研究专家的讲座;他们沿着朱熹出生、成长、学习、教学、为官、终老之地的路线进行寻访。除参观朱熹故居紫阳楼、创办的五夫社仓以及学习、教学的兴贤书院和武夷精舍之外,还体验了朱熹所写的《九曲棹歌》。朱熹思想中所体现的中华民蔽精神是我们民族的宝贵财富,是民族振兴和发展不可或缺的源头活水。朱熹在闽北创建理学新派系——闽学,朱子文化既具有走向世界的民族特色,又具有鲜明的闽北地域特色。日本思想史学会会长、大阪大学教授子安宣邦认为,在近代东方哲学中,唯一能够与西方在体系与规模上等量齐观的,只有朱子的哲学体系。毕竟东方哲学思想能够踏出海外,并且在国外为此特别举办研讨会的,至今也只有朱熹一人。到今天为止,朱熹的核心关怀,还是值得我们不断重新阐述

作者赴基层调研

与发扬，这就是朱子文化"在国内外"所具有的重大"影响力"。可以在发扬民族文化优势，强化民族意识的前提下，使中国文化走向世界。根据调研，继承朱子思想中的积极合理的因素，对于提高整个民族的思想道德素质，加强中外文化交流与合作，加强海峡两岸的沟通和交流，都有重要的理论意义和现实价值。早在西周时期，大一统的观念便深深地扎根于中国人的心中，"天下一家"的思想成为凝聚全社会的精神力量。由于历史的原因，在1949年之后政治格局的变迁中，台湾和大陆的社会结构发生了较大的变化，这种改变带来了两岸文化的长期隔阂，同为炎黄子孙，大陆和台湾的文化是同根、同源的中国文化，文化是一体的，有着"变分为合，化乱为治"的凝聚功能。文化是人类自立于自然的独特生存方式，是一个各部分相互作用的整体。福建具有对台"五缘"优势，尤其具有福建的祖地文化的独特优势，可在推动两岸文化教育交流合作中发挥重要作用。两岸文化交流合作不仅关系到文化产业的发展，更涉及两岸同胞对中华文化、中华民族、中国的共同认同，是最终实现祖国和平统一的重要心理工程。我认为可以把海西建设成为两岸人员往来、社会文化交流最便捷、最频繁、最密切的地区，促进闽台社会文化融合。为此，我在今年的全国十一届三次会议期间提交了《关于建立海峡两岸文化产业合作中心，共同打造"朱子"文化品牌的建议》的提案。